Los Eruditos A La Violeta, Ó Curso Completo De Todas Las Ciencias: Dividido En Siete Lecciones Para Los Siete Dias De La Semana...

José Cadalso

simos Doctores de veinte y cinco á treinta años de
edad. Hasta nuestra España, tierra tan dura como el
carácter de sus habitantes, produce ya unos hijos que
no parecen descendientes de sus abuelos. Siglo feliz!
digo otra vez. Mas felices vosotros que en él nacisteis!
mas feliz que todos juntos yo solo, á quien la fortuna,
mas que el mérito, ha colocado en esta sublime cátedra, para reducir á un Sistéma de siete dias toda la erudicion moderna.

Me acobarda, sin duda, lo complicado de este proyecto, pero me alienta el deseo de la gloria: me detiene lo respetable de mi auditorio; pero me incita la
estimacion que me merece: me hiela en fin el temor de
la crítica que me hagan unos hombres tétricos, sérios,
y adustos; pero me inflaman los primorosos aplausos
de tanto érudito barbilampiño, peinado, empolva-
do, adonizado, y lleno de aguas olorosas de lavanda,
sanspareille, ambar, jazmin, bergamota, y violeta, de
cuya última voz toma su nombre mi escuela.

Puestos en dos balanzas (oh afiligranadísimo, nar-
cisísimo, y delicadisimo auditorio mio!) lo atractivo
y espantoso me attrahe lo agradable, como luz á la
mariposa; y reduciendo á dos puntos esta corta oracion, empiezo. El primero contendrá una idéa general de las Ciencias, su utilidad y objeto. El segundo
propondrá las calidades que se requieren para seguir
estos estudios, sirviendo uno y otro de primera leccion de este curso.

I.

Si oímos á los hombres graves hablar de las Ciencias, nos dirán que ellas son los resplandores de aquella luz con que nacemos: que todas ellas tienen la mas
estrecha conexion entre sí; pero que es suficiente cada
una por si sóla para ocupar la mente del hombre á quien
llaman mui débil por su naturaleza, y casi incapáz, si

D

se consideran sus preocupaciones, pasiones, ó distrac-
ciones, la fuerza de la costumbre, y las flaquezas,
miserias y enfermedades del cuerpo, de cuyos organos se vale el alma para sus descubrimientos fisicos:
que por eso se han visto raras veces algunos pocos
hombres aplicarse con igual suceso á dos facultades:
dirán tambien, mui pagados de su trabajo, que el objeto comun de todas ellas, y la utilidad que han prestado á los hombres se divide en dos: una es obtener
un menos imperfecto conocimiento del Ente Supremo, con cuyo conocimiento se mueve mas el corazon
del hombre á tributar mas rendidos cultos á su Criador, y la otra es hacerse los hombres mas sociables,
comunicándose mutuamente las producciones de sus
entendimientos, y unirse, digamoslo asi, á pesar de
los mares, y distancias.

Mui santo, y bueno será todo esto; y yo no
me quiero meter ahora en disputarlo: pero yo, y vosotros mis discípulos, hemos de considerar las Ciencias con otro objeto mui diferente.

Las Ciencias no han de servir mas que para lucir
en los estrados, paseos, luneta de las comedias, tertu-
lias, antesalas de poderosos, y cafés, y para ensober-
vecernos, llenarnos de orgullo, hacernos intratables,
é infundirnos un sumo desprecio para con todos los
que no nos admiren. Este es su objeto, su naturaleza,
su principio y su fin.

II.

En este infalible supuesto, desechad todo genero
de moderacion con los iguales, toda clase de respeto á
los mayores, y toda especie de compasion á los inferiores; y conseguiréis justamente el nombre de sábios, por esto solo; adquiriéndoos tanto mas renom-
bre quanto lo obstenteis con mas presuncion, ador-
nandoos con la erudicion siguiente. En esto se inclu-
yen

yen todas las calidades necesarias para entrar en la carrera, con sólidas esperanzas de que os aprovechen mis instrucciones, y me acrediten vuestros lucimientos.

Basta por hoi. Corta ha sido la primera leccion; ¿pero qué rio, por caudaloso, que entre en la mar, no nace pequeño arroyuelo, cuyo manantial no pueda cubrirse con la hoja de un arbol? Mañana seré mas difuso en la Poetica, y Retórica, que son las Facultades mas tratadas en nuestros dias, aunque en ninguno ha habido menor número de Poetas y Oradores.

❈❈❈❈❈❈❈❈❈❈❈❈❈❈❈❈❈❈❈❈❈

MARTES.

SEGUNDA LECCION.

POETICA, Y RETORICA.

¿QUE os parece que es la Poesía? ¿Habeis creído acaso que sea una Facultad digna de que la cultiven los mayores ingenios? ¿Acaso os hace fuerza que algunos de los primeros Filosofos, Historiadores, y Legisladores hayan escrito sus sistémas, sus anales, y sus preceptos en verso? ¿Os espantaréis por eso, y pronunciaréis con algun aprecio los nombres, y Obras de los principales Poetas? Desechad esa pusilaminidad, y aprended de mí á rajar de alto á bajo, y hacer hastillas todo el monte Parnaso.

Decid poco de los Poetas Griegos. Bastará que repitais: ¡Qué imaginacion la de Homero! ¡Qué sublimidad la de Pindaro! ¡Qué dulzura la de Anacreonte! Sin Homero, ¿qué hubiera sido Virgilio? O bien tomando la contraria con un moderno famoso, diréis: ¿Qué mérito tiene Homero sino la mucha invencion,

aun-

aunque con la pobreza de repetír unas batallas tan parecidas las unas á las otras, y de fingir unos Dioses tan
parecidos á los hombres en delitos y flaquezas? Los
Latinos me desagradan menos; Virgilio, por exemplo: y encajad á secas, y sin llover la familia, patria,
fortuna, y vida del Mantuano con quien os dignais
de andar mas benignos. No os olvideis la adulacion
que hizo á Augusto, quando con motivo de lo acaeci-
do en las festividades de Roma, dixo mui al caso:

Nocte pluit totâ, redeunt Spectacula mane:
Divisum Imperium cum Jove Cæsar habet.

Diréis como de pura modestia no firmó este dístico, y
como se aprovechó otro Poeta, sin duda menos corto
de genio, y lo adaptó en público, como hijo de sus
entrañas. Exclamad aqui de paso contra los plagiarios,
apretando mucho sobre la voz *plagiato*, que es griega
por todos quatro costados. Contad como Virgilio lo
sintió, y puso el principio de un pentámetro (apretad
sobre la voz *pentámetro*, que no le vá en zaga á *pla-*
giato)

Sic vos non vobis......

Repitiendolo quatro veces, como desafiando á los Literatos á que los llenasen; y viendo que nadie salía al
desempeño (porque en todos tiempos ha habido muchos sábios de teórica, y pocos de práctica) él mismo, á rostro descubierto, puso en un parage público,
como si dixeramos en la Puerta del Sol de Madrid, la
siguiente friolera:

Hos ego versiculos feci, tulit alter honores.
Si vos non vobis nidificatis aves:
Sic vos non vobis vellera fertis oves:
Sic vos non vobis mellificatis apes:
Si vos non vobis fertis aratra boves.

B   Pro-

Proseguid salpicando sus Obras de este modo. Notad las expresiones enérgicas del pastor Corydon en la Elegia segunda, y en la quarta la elevacion de estilo con que habla en tono profético, diciendo:

Jam nova progenies Cœlo dimittitur alto.

No echeis en olvido el famoso verso que, si lo hubiera hecho un estudiante, le hubiera costado azotes de mano de su Pedagogo.

Chara Deûm soboles, magnum Jovis incrementum.

Saltad de alli á las Geórgicas, y de ellas adelante, diciendo que Mr. Reaumur, y otros Academicos han escrito mejor de las abejas, y cultura de los campos : lo qual ya veis es mui del caso para el mérito poetico, de que se trata.

Empezad la Eneida, dando noticia del tiempo que tardó en componerla, que la dexó imperfecta, como lo demuestran los versos por acabar, que estando en la hora de la muerte, mandó que la quemáran ; pero que sus Albacéas no siguieron su última voluntad, como sucede muchas veces, y formaron escrúpulo de privar á la República literaria de este tesoro. Disputad sobre si los quatro versos anteriores al *arma virumque cano*, se deben ó no comprender en el poema. Y sobre esto dadlas, y tomadlas, gritad, clamad, chillad hasta que veais, que los oyentes bostezan, que en tal lance, para no echar á perder el dia, será preciso que digais con furor los versos de la tempestad desde el 81. hasta el 135. en el que os debe parar el *quos ego*, que todos pretenden explicar, y ninguno ha entendido hasta ahora. No os olvideis los amores de Dido, y Enéas, que Venus fomentó por medio del inocente Ascanio. Diréis que Virgilio cometió en eso un horroroso *ana-cro-*

cronismo ; y no expliqueis esta voz griega, como no esteis de mui buen humor aquel dia. Supongo que daréis principio al segundo libro con aquello de

Conticuére, omnes intentique ora tenebant.
Inde toro pater Æneas sic orsus ab alto.

Reparad bien en lo de *toro* y *pater*, que no era todo uno; relatad el sitio de Troya, la picardía de Sinon, la desgraciada Casandra, la muerte de Lacoonte, la entrada del Caballo, que para serviros era nada menos que *instar montis*. Notad la eleccion de voces en los versos en que dice, que un amigo tiró una lanzada al Caballo, y sucedió que...

...Stetit illa tremens ; uteroque recuso,
Insonuere cavæ, gemitumque dedere cavernæ.

Que no parece sino que está uno viendo vibrar la flecha, y oyendo el eco de las concavidades. ¿Pues qué de aquello que dice Hector á su vecino, quando se le aparece ensangrentado? á saber:

Heu! fuge, nate Deâ, teque bis, ait, eripe flammis.

Pasad al libro quarto, que es el mas bonito; decid lo de la selva, tempestad, cueva, &c. y de este modo tomad una flor de cada ramillete, por toda la extension de la Obra ; y todo el mundo os tendrá por grandes Poetas, y tan grandes, que os encargarán acabeis los versos que lo necesitan en la Eneida. De mas á mas habeis de insinuar con aire misterioso, y como si él mismo hubiera venido á proposito del otro mundo para deciroslo al oído, que si Virgilio hizo tan llorón, y tan supersticioso á su Heroe fue por lisongear á Augusto, cuyo carácter era mui análogo al fingido

B 2   de

de Enéas; y no olvideis la palabra *análogo*, por amor de Dios, porque ya veis que es mui bonita.

De Ovidio habréis de chárlar con igual despotismo, decid tambien su nacimiento, origen, amores, destierro y muerte. No os aconsejo que os metais en los Metamorphoseos, ni Fastos: id á lo elegiaco que es mas florido y gustoso. Notad lo dulce de sus tristezas, en sus Elegias y Cartas del Ponto, sus comparaciones, y sus amplificaciones, y su ternura en las Cartas heroidas, y su magisterio en el *Arte amandi.* Insinuad lo de Livia, y lo de Corina. Os pido, por vuestro honor y el mio, digais con mucha frecuencia muchos versos de este azucarado Poeta, por exemplo toda la Elegia segunda del libro primero que empieza:

Cum subit illius tristissima noctis imago, &c.

Las quexas de un amigo suyo, de quien se veía abandonado en su desgracia (en lo qual á fé mia que no han mejorado los tiempos) y es el principio de la Elegia septima:

In caput alta suum labentur ab æquore retro
flumina; conversis solque recurrit equis.

Y al mismo proposito en la Elegia octava los versos cinco y seis, y la comparacion que sigue:

Donec eris felix multos numerabis amicos:
tempora si fuerint nubila, solus eris.

En el libro segundo de los Tristes notad el principio, y los versos 33. y 34. que dicen, si mal no me acuerdo...

Si quoties peccant homines, sua fulmina mittat
Jupiter, exiguo tempore inermis erit.

En

En la primera Elegia del libro quarto aprended de memoria aquellas hermosísimas comparaciones del alivio que hallaba en la Poesía, con el que hallan los que trabajan al són de sus canciones, diciendo...

Hoc est cur cantet vinctus quoque compede fossor.

Y sobre todo, sabed como un Papagayo toda la Elegia decima del libro 4. en que él mismo cuenta su vida, su vocacion á la Poesía, la reprehension de su padre sobre que no hiciera coplas, y su terquedad en quererlas hacer...

Sæpe pater dixit studium quid inutile tentas?

Y como le arguía el pobre viejo sobre que el camino del Parnaso es el mismo que el del Hospital, pues todo el que profesa en la Poesía hace voto de pobreza, *ipso facto*, testigo el primero de todos los que se pueden citar por Poetas, y por pobres.

Mæonides nullas ipse reliquit opes.

Pero estaba de Dios que el niño habia de ser Poeta, contra viento y marea, pues él mismo dice, que quando mas descuidado estaba, etele ahí que le venía un flujo de versificar, que se lo lleva de calles, y

Sponte suâ carmen numeros veniebat ad aptos,
& quod tentabam dicere versus erat.

Y asi de sus otras Obras, y por mia la cuenta.

De Horacio diréis que es mui sentencioso, abundante en metros diferentes, y que sus hexámetros no son los mejores, como tampoco lo es el acabar sus versos con un *et*, ó con media palabra; y sacad luego, lue-

luego, su par de exemplitos, aunque nadie los quiera ver.

Exemplo primero.
> *Fastidiosam dicere copiam , &*
> *molem propinquam nubibus arduis.*

Exemplo segundo.
> *Virtus repulsæ nescia sordidæ in-*
> *contaminatis fulget bonoribus.*

Haréis que todos observen, que los principios de sus odas anuncian mas de lo que son, en realidad de verdad; y con este motivo echad al monton que Dios crió los siguientes principios.

I.

> *Integer vitæ, scelerisque purus*
> *non eget mauris jaculis, necque arcu,*
> *nec venenatis gravida sagittis,*
> > *fusce, pharetrâ.*

2.

> *Eheu! fugaces Posthume, Posthume,*
> *labuntur anni.*

3.

> *Odi profanum vulgus & arceo.*
> *Favete linguis: Carmina non prius*
> *audita, musarum sacerdos,*
> *Virginibus, pueris quæ canto*
> *regum timendorum in proprios greges,*
> *reges in ipsos imperium est jovis,*
> *clari gigantes triumpho*
> *cuncta supercilio moventis.*

Y al pronunciar este ultimo verso, arquead las cejas, mirad al rededor, por encima de las cabezas de todos, extendiendo el brazo derecho; esto es, si sois mui altos, porque si sois chicos, como yo, tendréis que encaramaros sobre una mesa: Podréis proseguir citando otros varios.

Justum, & tenacem propositi virum
non civium ardor prava jubentium,
non vultus instantis tirani
mente quatit solidâ.

Copiandolos y aprendiendolos de memoria, pidiendo un Horacio prestado á un amigo, que sin duda os lo prestará de buena gana, y dinero encima por no oiros. De su Arte Poetica sabréis de memoria los primeros versos, y el septimo y siguientes, que forman la executoria de la moda, pues le concede tantos privilegios, que dice expresamente...

Multa renascentur quæ jam cecidere; cadentque
quæ nunc sunt in honore vocabula, si volet usus
quem penes arbitrium est & jus & norma loquendi.

De Lucano diréis, que se le conocia lo Español en lo fanfarron, y que despues de leida la Eneida, ¿quién ha de leer la Pharsalia? No obstante, diréis su Patria y Obras, (digo por el titulo) y tomaréis unos cincuenta versos de memoria, para llenar el tiempo, si os sobráre, lo que dudo mui mucho.

De Marcial celebraréis la ingenuidad, que otros llaman indecencia, con que llama cada cosa por su nombre; pero, por lo que es cuenta, sabréis media docena de sus epigramas, para repartirlos entre los felices mortales que os escuchen con frecuencia; y cuidado no recitéis delante de alguna vieja el siguiente:

Si

Si memini, fuerant tibi quatuor, Ælia dentes.
  Expuit una duos tussis, & una duos.
Jam secura potes totis tussire diebus;
  Nil istic quod agat tertia tussis habet.

Con igual ligereza y despotismo trataréis á Juvenal, Persio, Propercio, Tíbulo, y Catulo con todos los restantes en la seguridad de que en todos tendréis igual acierto, y admiracion de parte de los inteligentes, y aun gratitud de la de los interesados, si resucitáran, y os oyeran.

De los nuestros, ya os oigo preguntarme ¿ qué habeis de decir? Allá voi, pero tomemos un poco de descanso, que el Parnaso es largo, y dificultoso de andar.

Diréis que han tenido cosas buenas y malas otras tantas. (verdad incontrastable que conviene á la mayor parte de los hijos de Adam.)

Nombraréis á Juan de Mena, Boscan, Garcilaso, Leon, Herrera, Ercilla, Mendoza, Villegas, Lope, Quevedo, &c.

Citad de Juan de Mena los versos dodecasílabos de sus Coplas. Exemplo:

Al mui prepotente Don Juan el segundo, &c.

Las famosas octavas á su modo, en que pinta los lamentos de una madre al vér á su hijo muerto en la guerra, y empiezan, si no me engaña la memoria:

Bien se mostraba ser madre en el duelo
  que hizo la triste, despues que yá vido
  el cuerpo en las andas sangriento y tendido
  de aquel que criára con tanto desvelo.

Y aquello de

De=

Decia llorándo, con lengua rabiosa,
¡ ó matador de mi hijo cruel !
matáras á mí, dejáras á él,
que fuera enemiga no tan porfiosa.

De Argensola aprendereis con mucho cuidado, y recitareis con mucha pompa, en todos los meses del año, aquel soneto de Otoño, que dice:

Lleva tras sí los pámpanos Octubre;
y con las muchas aguas insolente
no sufre Ibero márgenes ni puente,
mas antes los vecinos campos cubre.
Moncayo, como suele, ya descubre
coronada de nieve la alta frente;
y apenas se vé el Sol en Oriente,
quando la opaca tierra nos lo encubre.
Sienten la tierra y selvas ya la saña
del aquilón; y encierra su bramido
gente en el puerto y gente en la cavaña.
Y Favio en el umbral de Thais tendido
con vergonzosas lagrimas lo baña,
debiendolas al tiempo que ha perdido.

De Fr. Luis de Leon decid, con igual madurez, que hizo buenas traducciones de Horacio, y que no es mala su oda de la Profecía del Tajo, que empieza:

Folgaba el Rei Rodrigo
con la hermosa Cava en la rivera
del Tajo, sin testigo.
El rio sacó fuera
el pecho, y le habló de esta manera:
En mala hora, &c.

Alabad la dulzura de Garcilaso. Repetid, aunque se

C   es-

esté hablando de las guerras entre Rusos y Turcos,
aquel dulcísimo soneto suyo:

> *O dulces prendas, por mi mal halladas,*
> *dulces y alegres, quando Dios queria,*
> *juntas estais en la memoria mia.*

Y luego, en caliente, sin dejar al auditorio dos minutos de tiempo para descansar de la fatiga, con
que os habrá estado viendo liquidaros, dulcificaros,
almibararos, y derretiros, como azucar candi en la
boca de una niña golosa, encajad de cabo á rabo toda
la egloga.

> *El dulce lamentar de dos Pastores*
> *Salicio juntamente, y Nemoroso, &c.*

Y saboreaos y relameos, quando dice aquello del *sa-*
broso cantar.
Repetid una por una todas las barquillas de Lope
de Vega, aunque con ellas llegueis á marear á todos los oyentes.
   De Quevedo asegurad bajo vuestra palabra de
Erudicion poetica, que fue un Poeta de Bodegón,
y si alguno tubiese el alto, y nunca bastantemente
execrado atrevimiento de citar sus Obras sérias, tomad un polvo, y decid con desprecio, oh! oh! oh!
Alabad sus letrillas satíricas, por exemplo:

> *Que trague el otro jumento*
> *por esposa una Sirena,*
> *mas catada que colmena,*
> *mas probada que argumento;*
> *que lláme estrecho aposento, &c.*

Y luego con risita de chiste, decid: Este Quevedo
es-

escribió mis polisonerías; (porque aunque pillerías significa lo mismo, pero es mas Castellano.)

Iguales retazos mostraréis de los restantes líricos,
y satíricos; y por lo tocante á los Epicos nuestros, sea
Ercilla el unico que nombreis; y ni aun de este direis mas que el discurso de Colocolo, alabandolo mucho, porque lo alabó un célebre Francés, sin alabar
otros pedazos excelentes que tiene, porque el tal no
los alabó.

Entre los Franceses celebrad à Boileau sus Sátiras
y Arte Poetica, y aprended, sin perder silaba, aquel
hermoso pasage en que se sirve llamarnos salvages,
porque no gustamos de Comedias con unidades. Decid que él sembró la buena semilla de la verdadera
Poesía, cultivada por Racine y Corneille, y otros que
los siguieron. Citad una pieza de cada uno, diciendo que el Gefe de obra del primero es el Cid, y del
segundo la Phedra; pero disimulando que el tal Cid
es de nuestro Guillen de Castro, aunque tan bien
vestido y peinado á la Francesa, que nadie dirá que
fue Español; y tambien callareis que en la tal Phedra
hai una relacion campanuda, hinchada, y pomposa
de la misma naturaleza que las que critican tanto en
nuestros pobres Autores del siglo pasado. Hablad de
las novedades introducidas en la Scena Francesa por
M. Belot en lo trágico, y M. Diderot en lo cómico.
Notad lo que le valió al primero su Tragedia de la
Toma de Calais, (que sin duda fue mas de lo que
les costó á los Ingleses la Toma de la Plaza) los pu-
ñales, corazones, venenos, y otras máquinas introducidas en sus composiciones. Método nuevo que no
sé cómo no repugnó á los Franceses acostumbrados,
por la mayor parte, segun dice uno de sus mayores
ingenios, *á des elegies amoreuses*

Por un acto de vuestra natural urbanidad, direis
(de modo que no lo oiga ningun Francés) que los

Ita-

Italianos son los primeros en la Poesía, como en la Pintura y Musica. Hablad del Petrarca, Taso, Dante, y otros, sin olvidar á Maffey, con su Tragedia la Merope, sangrientamente criticada por Voltaire, y bien defendida por su Autor; ni dexar tampoco en la memoria al Caballero Guarino con su poco de pastor Fido; y cuidando, sobre todo, de saber de memoria várias letras de las Arias del Metastasio.

De los Poetas Ingleses abominad á la francesa, diciendo que su Epico Milton deliró, quando puso artillería en el Cielo, quando hizo hablar á la muerte, al pecado, &c. y no llamareis un punto menos que feróz á la Melpomene, que inspiró á Shakespear sus dramas lúgubres, fúnebres, sangrientos, llenos de Splin, y cargados de los densos vapores del Tamesis, y de las negras particulas del Carbon de piedra; sin olvidar una sola palabra de quantas componen esta lóbrega oracion, porque son todas ellas del conjuro, para quedar bien en la gracia de algunos amigos. Con esto y con pronunciar, como Dios os dé á entender, el nombre del insigne Shakespear, nadie dudará de vuestro voto y su autoridad en materias del Teatro Inglés; y mas si añadis por superabundancia de erudicion, que una de las fondas, ó tabernas en que se suele emborrachar parte de la joven Nobleza Inglesa al salir de la Comedia, tiene por muestra la cabeza del susodicho Shakespear, atolondrará vuestra erudicion á quantos os escuchen.

De nuestros Dramáticos hablad poco y medido por el gusto de vuestro auditorio. Si hablais delante de algunos hombres sérios, que gastan peluca, ú gorro hasta las cejas, uñas largas, y camisa por semana, direis que si Calderon, Lope, Moreto, Solís Zamora, Cañizares, y los otros de aquella sécta, no quisieron ceñirse á las reglas del teatro, fue meramente porque no quisieron, y que en lenguage, idéa, y

des-

desenlace fueron originales. Si hablais delante de los
que creen que el Español no debe andar en dos pies,
soltad los diques, y decid quanto se os antoje en des-
doro nuestro, que todo será bien admitido, verdadero, ó falso, cierto ó exagerado.

De los Dramáticos Griegos y Latinos decid que
aunque son los modélos, no gustarian hoi sus dramas, por aquel aparato de la antigua representacion,
con mascarillas, acompañamiento de flautas, &c. No
obstante citad á Euripides, Sofocles, Seneca, Teren-
cio, y Plauto, y una pieza de cada uno. Con esto y
con repetir á menudo las palabras del conjuro, uni-
dad, prologo, catástrofe, episodio, scena, acto, co-
ro, coriféo, &c. y con decir que el *plaudite* de los
Cómicos Romanos equivalía á una despedida de:

Esta comedia, señores,
aqui se acaba pidiendo
á este concurso piadoso
el perdon de nuestros yerros.

Os tendrán por pozos de ciencia poetico-tragico-có-
mico-grecolatino-ánglico-itálico-gálico-hispánico-an-
tiquo-moderna; (fuego, y que tirada!) y pobre del
Autor que saque su pieza al público sin vuestra apro-
bacion. Decid pieza, y no composicion, porque mas
de la mitad del mérito está en eso. Pero vosotros no
deis al público un dedo de papel vuestro, porque os
exponeis á perder todo el concepto que os habrá adquirido esta leccion. Nunca solteis prenda. El tiempo
que habeis de gastar en componer, no digo una Tragedia, ni un Poema épico, ni siquiera un Saynete,
sino solamente un Distico latino, ó una Seguidilla
española, gastadlo en llenaros esas bien peinadas cabezas de parrafos de aqui y de alli, pedazos de estos y
de aquellos, y de mucha vanidad sobre todo. Con esto,

to, y con renegar de los compositores modernos, diciendoque Cruz hizo demasiado ahinco en los Cortejos y Abátes, Moratin un Pelayo mui credulo, y Valle una Princesa mui enamorada, quedareis calificados Examinadores del Parnaso, creerán las gentes que las Musas os hacen la cama, y que Febo os envia el coche quando llueve.

Quedais sólida y perfectamente instruidos en lo que es poetica, y podreis, y aun debereis meteros á hablar de Poesías, por qualquier corro de Poetas, como Santiago por los Moros. Tosamos, escupamos, sonemonos las narices, tomemos un polvo, y hechas todas estas diligencias, pasemos á la

RETORICA.

Con mucha mas facilidad lucireis en materias de Retórica. Con saber la distincion entre el Retor, y el Orador, las difiniciones de las figuras, los nombres, patrias, y titulos de las Obras que nos han quedado de Demóstenes, Longino, Ciceron y Quintiliano, con aprender el principio de la Catilinaria famosa, *quousque tandem abutere Catillina patientiâ nostrâ*, con citar el tratado *de naturâ Deorum*, notando de paso que se puede creer conociese la existencia de un solo Dios, ó si quereis el Monoteismo (pronunciando esta palabra con todo primor) con estos pocos requisitos, sentareis plaza de hombre, pasmosamente instruído en la elocuencia antigua; y por quanto podreis decir muchos desatinos de los Griegos y Romanos, si no los estudiais mui despacio, pasad á los modernos.

Lamentaos de la decadencia de la oratoria. Decid que los Franceses apenas tienen Oradores, y esos pocos solamente en lo sagrado: que los Ingleses solo la usan en su Parlamento, tratando de los impuestos sobre la cerveza, ó en desprecio de las demás

Na-

Naciones: que nosotros no hemos tenido mas que á Fr. Luis de Granada: que este tambien la empleó en la Mistica: que nuestro Maestro Feijoo fue un inconsiderado en decir que la Retórica es inutil á quien tenga un modo natural y felíz de persuadir, y con un parrafo que digais de cada uno, gritarán todos á una voz: Bien hayan las madres que tales hijos paren!

Mui perteneciente á esta materia sería tratar de la latinidad. Decid, y direis bien, que está perdida. Decid y direis mal, que os atreveis á resucitarla. Recitad quatro parrafos de latin de Escuela, y vomitad de asco: decid dos dísticos que os pediréis prestados los unos á los otros, relameos con ellos; y sea siempre felíz conclusion de vuestras conferencias una docena de invectivas contra la bobeda que ilumina á España, y decid que nuestra estrella es de ignorantes; y en eso os juro, no mentireis del todo, y que no habrá quien diga, que no sois unos verdaderos Poetas y Oradores á la Violeta.

MIERCOLES.

TERCERA LECCION.

FILOSOFIA ANTIGUA
y moderna.

ME parece que os estoi viendo perplexos en punto de Filosofía. Os espanta su nombre, que es Griego: os admira su antiguedad: os detiene la vista de tantos Sistémas diferentes, seguidos cada uno por hombres, á la verdad insignes; y no sabeis no
so-

solo á quien dar la preferencia; pero ni siquiera por donde entrar en este laberinto. Ensanchoos los corazones con las siguientes advertencias, ponedlas en práctica, y entrad con suma confianza en la carrera.

Hai cierta obrita en este mundo en que, gracias á la paciencia de su Autor, hallaréis el nombre, origen, patria, sistéma, dichos, hechos, vida y muerte de cada uno de los Filosofos antiguos y modernos, con todo primor hasta el de poner el retrato de cada uno, que sin duda se le parecerá, ó no. La historia de los modernos tiene fijo nombre de Autor, y su gracia es Mr. de Saverien con su retrato en el frontispicio, mui bien peinado, afeitado y vestido con toda gracia. La impresion es de Amsterdam y del año de 1762. La de los Antiguos es tan parecida á la de los modernos, que sin encargarse gravemente la conciencia, se puede conjeturar sea obra del mismo, extractada de Laercio y otros.

Desde Thalés hasta el ultimo de nuestros dias, están todos puntualmente tratados, y con un poco de memoria, no se tocará en las conversaciones punto alguno de Filosofía en que no podrais entrar osados, y salir lucidos. Con esta ayuda corroborareis vuestra loquacidad, con la autoridad de Pagános y Christianos, y de quanto se os antoje, que de todo hai. Vaya un exemplo, sacado de ellos por orden alfabetico.

A.

Alma. ... ¿Quereis hablar del alma, segun el Sistéma de los Antiguos? Id al índice, y encontrareis que Thalés fue el primero que aseguró su inmortalidad: que este Filosofo enseñó que el alma conoce las cosas corporales por los organos corporales, y las espirituales sin dichos organos, &c. Todo esto sin salir de la pag. 14 y 15 del primer Tomo.

En

En la 220. vereis como la difine Platón, y la obscuridad de su Sistema. En la 309. vereis el dictamen de Aristoteles, &c.

Amigos... En el mismo Tomo pag. 150. vereis el sentido de los Cirineos sobre la amistad. En la 308. la difinicion de la amistad dada por los Apostoles, y en la 211. del segundo Tomo la que dá Pitágoras.

Atomos... En el Tomo segundo en la pag. 374. vereis lo que se dice sobre el continuo movimiento de ellos.

B.

Belleza... Vereis sus diferentes difiniciones por varios Filosofos, y en la pagina 300. del Tomo primero.

Bien soberano... Vereis lo que dice Confucio en la pag. 119. del Tomo tercero.

C.

Cerebro... En el Tomo segundo en la pag. 223. hallareis que Pitágoras dice que el cerebro es la residencia de la razon y del espiritu.

Cometa... Vereis en el Tomo segundo á la pag. 403. el dictamen de Epicuro sobre estos fenomenos, que por eso no hemos de reñir: pero desechadlo, apelando á Newton.

D.

Dios... En la pag. 21. del Tomo primero, en la 22. y en la 226. vereis lo que dixeron de la Esencia suprema algunos Antiguos: aqui podréis á poca costa obstentar mucha erudicion, hasta donde os diere la regaladísima gana, pasando revista á todos los entes criados, y sacando por consecuencia que debe haber habido un Sér que los haya criado y conservado: y

D   es-

esra verdad de Pedro Grullo, bien amplificada y tratada, os habrá mas provecho que toda la erudicion del mundo.

Asi proseguireis con los articulos que necesiteis saber segun la mente de los Antiguos. No ignoreis el nombre de alguno de ellos, á cuyo fin copiad la siguiente lista, que os será mui util.

Thalés.	Euclides.	Metrocles.
Solón.	Diodoro.	Hiparchio.
Stilpón.	Simon.	Menipo.
Critón.	Claucon.	Zenon.
Hipaso.	Senmias.	Aristo.
Antistenes.	Cebes.	Hércules.
Filolao.	Menedemes.	Dionisio.
Eudosio.	Plapton.	Cleanto.
Chilón.	Speusipo.	Sphero.
Pittaco.	Xenocrates.	Crisipo.
Bias.	Polemon.	Pithagoras.
Cleobulo.	Crates.	Empedocles.
Periandro.	Crantor.	Epicarmo.
Anacharsis.	Arceslao.	Archistas.
Misón.	Bion.	Almeon.
Epidemides.	Lacydes.	Hipaso.
Pherecydes.	Carneades.	Xenophanes.
Anaximandro.	Clitomaco.	Parmenides.
Anaxímenes.	Aristóteles.	Melisso.
Anaxagoras.	Theofrastes.	Leucipo.
Archelao.	Straton.	Demócrito.
Socrates.	Licon.	Protágoras.
Xenophonte.	Posidonio.	Diógenes Apdinar.
Esquines	Epitecto.	
Timón.	Diogenes.	Anaxárques.
Epicuro.	Monimo.	Pirhon.
Aristipo.	Onescrito.	Dióg. Laercio.
Phedón.	Crates.	Confucio.

Y

Y algunos otros que se me habrán escapado. Con
aprender de memoria los nombres mas enrevesados
de algunos de estos viejos, como Pherecides, Car-
neades, Empedocles, Anaxarques, y otros de este
sonido, con hablar de Logica, Silogismos, Entime-
mas, Sonites, dilema, (argumento conocido, por
otro nombre cosquilloso á los maridos) Premisas, Ila-
cion, Metafisica, transcendencia del ente por las di-
ferencias, precisiones objetivas, &c. Con nombrar á
Heraclito y Demócrito, diciendo que el uno siempre
se afligia y el otro siempre se reia de quanto pasa en
el mundo; con censurar el materialismo de Epicuro;
con nombrar las várias sectas de Filósofos, como Pla-
tónicos, Academicos, Dialécticos Cirenaicos, Mega-
rios, Cinicos, Peripatéticos, y Pitagóricos, con hablar un poco de la transmigracion, ó metempsicosis,
(que aunque sea lo propio, suena mejor, porque se
entiende menos) y con acabar, diciendo : que si és-
tos antiguos Filosos resucitáran, les vendria mui ancho el ser admitidos por Estudiantes en la Escuela de
Newton, Descartes, Leibnitz, Gassendi, Nollet y otros,
tendrá el mundo á qualquiera de vosotros por mas Filosofos que todos los nombrados; y se abrirán las bocas de par en par quando empeceis á discurrir de los
modernos, lo que executareis del siguiente modo, si
no lo habeis á mal.

Dividirlos en Fisicos, Metafisicos, y Moralistas:
de los primeros, ya os he nombrado algunos, á los
que añadireis Muschembrook, Kepler, S. Gravesand,
y los demás que os presentará M. Saverien, el yá
nombrado, con una Relacion y curioso Romance de
la vida y Milagros de cada uno, con cuyas exactas
noticias, y repetir con frecuencia aquello de torbe-
llino, atraccion, repulsion, gravedad, materia sutil,
choque, fuerzas centrales, centrifuga, y centripeta,
fuerza de inercia, ángulo de incidencia y de refle-

xion,

xîon, y tubos capilares, y con decir algo de Optíca, Dióptrica, Catóptrica, Hidráulica, Hydrostática, Stática, Mecánica, Pneumática, Eléctrica, Pirómetro, Barómetro, Termómetro, Aerómetro, Bombas de atraccion y de compulsion, con saber explicar una cámara obscura, y una linterna mágica, en hablar del arco Iris quando llueve y hace Sol; referir la experiencia del fuego eléctrico que se hizo en París con no sé quantos inválidos; y explicar cómo un piojo parece Elefante en el microscopio, no habrá vieja que no os tenga por tan mágico en nuestros dias, como el pobre Marqués de Villena lo fue en los suyos.

Por lo que toca á los Metafisicos y Moralistas que citeis, con vuestro pan os lo comais; porque, vamos claros, los amigos Hobbes, Espinosa, y otros templados por el mismo tono, quando hablaron de Dios, del alma, de la eternidad, del premio, y del castigo, del bien, y del mal, de la libertad, y de la necesidad, imprimieron cosas que no estan escritas. No me meteré yo en aconsejaros del ensayo sobre el hombre del señor Alejandro Pope, ni del otro sobre el entendimiento humano del señor Lock: pero lo cierto es, (direis misteriosamente si alguno soltase la chinita para que resvaleis) que las traducciones Francesas de estas Obras son mui inferiores á los originales: y con esto quién no ha de creer á pie juntillas, que sobre ser mui inteligentes en el Moral Inglés, hablais aquel idioma mejor que el mismo Orador de la Cámara de los Comunes.

Aplaudid á Mr. Marmontel. Es el Moralista de estrado mas digno de la Cátedra de Prima. No hai Petimetre, ni Petimetra, Abate distraido, Soldado de paz, Filosofo extravagante, Heredero gastador, ni viuda de veinte años que no tenga un curso completo de moral en los primorosos cuentos de este finísimo Académico. Entre ellos desechad el intitulado *el Fi-*

lósofo en el nombre. Parece que la tal maldita Novela, Dios me lo perdone, se hizo á drede contra vosotros, pues os viene como zapato de vuestro pie. De buena gana os hablára de otra Obra mui séria de la misma pluma, pero como dicen que sirve solo para Palaciegos desgraciados, Generales tristes, y Ministros caídos, y no creo que jamas os veais en eso, me hareis el honor de permitirme, que me tome la libertad de callarla. (Ved que modo tan cortés de negar una cosa.)

Alabareis mucho á Muratori, diciendo que escribió juiciosamente sobre la felicidad pública; pero sin meteros en discusiones, exclamad que es lastima sean tan malas las impresiones de Venecia.

Ahora que quedais cumplidamente instruídos, y sólidamente enterados de todas las Filosofías antiguas y modernas, os advierto, que para ser tenidos por Filósofos consumados, no bastará saber, como sabeis (gracias á Dios, á mi nuevo método, y á vuestra sublime compreension) todas las Obras de los Filósofos antiguos y modernos. No basta, híjos mios, no basta por cierto. Es indispensáble que tengais, lleveis, publiqueis, aparenteis, y obstenteis un exterior filosofico. Persuadido de está verdad Diógenes se salia á medio dia de su tonél, con una linterna en la mano, buscando un hombre por las calles de una Ciudad populosa. Otro, al tiempo que los enemigos sitiadores asaltaban las murallas, se estaba con mucha seriedad haciendo una demostracion geométrica, y los Soldados, que no entendian de mas ángulos que los que formaban con la espada, acabaron con él, y con la figura, que era el objeto de su embeléso, ó tal vez de su vanidad. En consecuencia de esto, es preciso que os distingais tambien por algun capricho de semejante naturaleza, é importancia, para que la gente que os vea pasar por la calle diga : allá vá un Filosofo. Unos habeis

beis

beis de estar, por exemplo, siempre distraidos, habeis de entrar en alguna botillería preguntando, si
tienen botas inglesas, ú en alguna Libreria preguntando si alquilan coches para el Sitio. Otros, aunque
tengais los ojos mui buenos y hermosos, habeis de
llevar un sempíterno anteojo en conversacion con la
nariz. Otros habeis de comer precisamente á tal, ó
tal hora, y que sea extravagante, como si dixeramos
á las nueve de la mañana, ó á las seis de la tarde; y
si los estómagos tubiesen hambre á otras horas, que
tengan paciencia, y se vayan afilosofando. Otros habeis de correr, como volantes, por esas calles de Dios,
atropellando á quanto chiquillo salga de las puertas,
en hora menguada para él y su triste madre. Otros
habeis de tener apreensiones de enfermedades, y si
alguno os pregunta el estado de vuestra importante
salud, quejaos de todos los males á que está expuesta
la fragil máquina del cuerpo humano; y aunque tengais mas fuerza que un Hércules, y mas colores que
un Baco, ensartad lo de thísico, éthico, asmático, pa-
ralítico, escorbutico, &c. &c. &c. &c. de modo que
se queden en ayunas de la respuesta, como no la
escriban, y la lleven al Proto-Medicato.

Con estas y otras extravagancias semejantes, vereis quanta estimacion ganais de Oriente á Occidente, y desde Septentrion á Medio dia; y mas si os
haceis encontradizos con quien no os conozca. No fal-
teis á esto, ni á copiar, si os parece, en dicha Obra
la lista de los Filosofos modernos, que yo tengo otras
cosas que hacer.

Si en el concurso viereis algunas Damas atentas
á lo que decís, lo que no es del todo imposible, como
no haya por allí algun papagayo con quien hablar,
algun perrito á quien besar, algun mico con quien
jugar, ó algun Petimetre con quien charlar, ablan-
dad vuestra erudicion, dulcificad vuestro estilo, mo-
du-

dulad vuestra voz, componed vuestro semblante, y dexaos caer con gracia sobre las Filósofas, que ha habido en otras edades; decid que las hubo de todas sectas; y dexando pendiente el discurso, idos á casa, y sin dormir aquella noche (á menos que se os acabe el belón, en cuyo caso será preciso que espereis hasta que amanezca, y seria chasco, si fuese por Enero) tomad la Obra citada, y en la pag. 189. del Tomo tercero vereis las mugeres Filósofas con su nombre, patria, y sistéma, con la distincion entre las que filosofaron, segun alguna determinada Escuela, ó las que se andubieron filosofando, como quisieron, para las quales tenemos en este siglo excelentes maridos. Tened mui presente la siguiente lista.

Hipo.	Aristoteles.	Cleobulina.	Aspasia.
Clea.	Diotima.	Beronisa.	Pamphila.
Euridice.	Julia.	Domina.	Myro.
Sosipatra.	Antusa.	Agonize.	Eudocia.
Elocia.	Novela.	Anacomena.	Eudocia.

Y otras que alli vereis, y yo no me quiero detener en trasladar. Notad que entre las Filósofas la secta mayor fue la de las Pytagoricas, porque sin duda (direis con gracejo, haciendoos aire con algun abanico, si es verano, y calentandoos la espalda á la chimenea, si es invierno, ó dando cuerda á vuestro relox, que habreis puesto con el de alguna Dama de la concurrencia, ó componiendoos algun bucle que se os habrá desordenado, ó mirando las luces de los brillantes de alguna piocha, ó tomando un polvo con pausa y profundidad en la caja de alguna Señora, ó mirandoos á un espejo en postura de empezar el amable) sin duda direis, haciendo alguna cosa de estas, ó todas juntas; porque el sistéma de Pitágoras trae la metempsicosis, transmigracion, ó vaya en castellano una

vez

vez, sin que sirva de exemplar para en adelante, el
paso de un alma por varios cuerpos, y esta mudanza debe ser favorita del bello sexo. Vereis como todas se sonrien, y dicen: ¡Qué gracioso! que chus co
unas dandoos con sus abanicos en el hombro, otras
hablando á otras al oido, con buen aguero para vosotros, y todas mui satisfechas de vuestra erudicion,
no sin alguna ambicion de mi parte, y arrepentimien-
to de haberos enseñado en tan corto tiempo lo que
me ha costado tantos años de vasta lectura y profunda meditacion.

Pasemos á otra materia, pues quedais yá con esta
leccion perfectamente caracterizados de Filosofos á la
Violeta.

JUEVES.

QUARTA LECCION.

DERECHO NATURAL,
y de las Gentes.

LA Leccion de este dia es mui trivial. No se trata
mas que de lo que se debe el hombre á sí mismo, y á los demás hombres: lo que un estado tiene
que cuidar dentro de sí mismo, y respecto de los
otros estados. Esto, ya veis en substancia, es una grandísima friolera. Antiguamente no hablaban de esta facultad sino aquellos á quienes competía, como Prín-
cipes, Embaxadores, y Generales. Pero tiempos bárbaros serian aquellos en que no hablase cada uno mas
que de lo que le toca! ¿Qué diferentes son los nuestros? En ellos no hai Cadete, Estudiante de primer
año

año, ni Mancebos de Mercader que no hable de Menchaca, Ayala, Grocio, Wolfio, Pufendorf, Vatel, Burlamachy, &c. Vosotros, viviendo yo, no habeis de ser menos, con que asi manos á la obra.

Diréis que nuestro Menchaca en sus *Controversias ilustres* tocó la materia mui de paso: que Ayala solo habló del Derecho de la guerra: que Wolfio escribió mui latamente sobre el Derecho natural, y que hizo mal en no escribirlo como ensayo, diccionario, ó compendio, ó en siete lecciones como este Curso. De Grocio diréis que fue mas moderado, por mas que su Comentador Barbeirak lo aumentó con sus ilustraciones, cuya mala Obra tambien hizo al Baron de Puffendorf, poniendole unas notas tan grandes como el pelucón, que se vé en el Retrato del grave Caballero en el frontispicio de su Obra. Irritaos mucho contra Vatél, que reduxo esta facultad á un método geométrico, llevando al Lector encallejonado desde la primera hasta la ultima proposicion. Leed los indices de cada uno de estos Autores, y aprended algo de cada uno de memoria, segun vuestro humor, ó el de vuestros oyentes: no olvidando, á mayor abundamiento, el citar el Tratado del Embajador, escrito por Vikfort, asunto tambien tratado en castellano por Don Antonio de Vera.

Con estos fundamentos empezad á construir el edificio de vuestra erudicion en esta materia. Decid que sin esta facultad, las Naciones que admiramos por cultas, serían unos ranchos de salvajes como los Hotentotes, y que su práctica ha hecho comunes los bienes de todos los hombres. No ahondeis question alguna del Derecho público, porque son todas peligrosas; mas dexando el tronco, subíos por esas ramas, suscitando questiones en que no podais cometer absurdos de larga cola: preguntad si el equipage del Cocinero de un Embajador debe ceder siquiera al del

Ma-

Mayordomo de un Enviado, y otras semejantes; y dadlas con Puffendorf, y dexad á Wolfio, y tomad á Grocio, y traed á Vatel, y llevad á Burlamachy, y no hará el tal Cocinero tal guisado, como vosotros lo haréis. Citad veinte tratados de paz, quarenta congresos, diez suspensiones de armas, treguas, ó armisticios. (escoged esta voz que es la menos inteligible) Hablad de las capitulaciones de las Plazas, de los Rehenes, de los Espías, de los Vivanderos, y Carreteros del Exército, y de la Compañia del Prevoste. Echaos á la mar, y hablad de los Piratas, Corsarios, Contravandistas, Guarda costas, presas en la mar, salida y entrada en los Puertos neutrales, quarentena de los Navíos procedentes del Levante, pesca del bacalao, de los harenques, del coral; Comercio activo, pasivo, mútuo, interno, externo, ilícito, asiento de Negros, salúdo de los Navíos entre sí, y á los Puertos de mar. Discurrid sobre si los Burlotes deben, ó no, ser permitidos entre las Naciones cultas; y teneis tela cortada para cinquenta noches de invierno, como Dios os depáre auditorio competente. Hablad de las Islas desiertas, y pasos de los estrechos; tocad ligeramente, y como quien no quiere la cosa, tocad, digo, la etiqueta de la Corte de Constantinopla; que trata bien mal á los Embajadores de grandes Principes, haciendoles refregar los labios en las alfombras del salón de la Audiencia. Ponderad las obligaciones de un Embajador, de sus Secretarios, sus correos, y las cifras con que escriben á sus Cortes, y fingid alguna que mostraréis, y diréis (encargando mucho el secreto) que os la dió cierto Embajador de un Gran Soberano, por exemplo, el de Marruecos. Romped el hilo (que no importará mucho) y exclamad sobre la poca fé con que se rompen los tratados de paz, no guardando una Nacion mas que aquellos que le convienen. Enfureceos, y dad una gran palmada sobre la mesa, (con gran tiento para no ha-

ce-

ceros mal) y lamentaos de que la Artillería es publicamente llamada *Ratio ultima Regum*. Bolved al asunto, tratando de la obligacion de un General que entra en un País enemigo; y meteos otra vez por Wolfio, Grocio, y Puffendorf. Charlad sobre el saquéo, ó incendio de los Lugares, inmunidad de los Templos, y sus alhajas, pintando bien un asalto, como si os hubierais hallado en mil. Hablad de la desercion de la Tropa, su castigo, enganche, y premio. Hablad de los Paises rebeldes, guerras civiles, y otras frioleras semejantes. Tened mucho cuidado en la division de los estados en despótico, monárquico, aristocrático, y los demás. Concluid, despues de explicar como Dios os dé á entender, la natural constitucion de cada uno, que el monárquico es el mejor, á menos que esteis hablando en Venecia, porque alli estas comparaciones son odiosas. Decid todo lo que han dicho otros, que es mucho, mui bueno y mui malo, y si veis que el auditorio se duerme, echadle otra rociada de los yá dichos y repetidos nombres Alemanes, y dispertará el concurso mas que de paso; y quando crean todos que vais á concluir, empezad de nuevo, diciendo: El Derecho de gentes se divide en Derecho necesario, subdividido en interno, externo, perfecto, é imperfecto; y voluntario subdividido en convencional, y de costumbre. Llamamos Derecho de gentes necesario, diréis, tomando un tono magistral, aquel que consiste en la aplicacion del Derecho natural á las Naciones. El interno es aquel que nace de la obligacion que nuestra conciencia nos prescribe; y externo en quanto á la relacion que dice á los otros. Es perfecto quando trae consigo la fuerza para hacer que los otros nos cumplan las obligaciones respectivas á nosotros; é imperfecto quando no trae consigo la suficiente fuerza. Llamamos Derecho de gentes voluntario aquel que contiene las reglas nacidas de lo que cada uno cree

E 2　　　　　　　　　　que

que debe poner de su parte para el común objeto.
Entraos ahora á ser medianeros entre Wolfio, y Vatél
en lo que en este punto el uno entendió diferentemen-
te del otro. Derecho de gentes voluntario convencional es el que dimana de ciertos convenios particulares
entre algunas Naciones, que no ligan á las otras: por
exemplo, diréis cogiendo una docena de pesetas, si las
teneis, y si no, las pediréis prestadas. La peseta A, y
la peseta B son dos Naciones que pactan entre sí, que
los Navíos suyos, que se encuentran en la mar, en-
ciendan cada uno siete faroles. El Almirante X de la
Nacion A, y el Almirante Z de la Nacion B, deberán
encender siete faroles, como siete pecados mortales,
siempre que se encuentren; pero el Almirante N de
la Nacion Y, y el Almirante H de la Nacion P, si
se encuentran entre sí, ó con alguno de los septemfa-
rolíferos, (aprended de paso á enriquecer la lengua)
no tienen tal obligacion de encender, ni siquiera un
mal candil, como el mio, y mas si es de dia. Derecho
de gentes voluntario de costumbre, diréis, volviendo
las pesetas á su dueño por lo que es cuenta, es el que
nace de ciertas prácticas yá establecidas, de siglos
atrás, que aunque no obligan de juro, por lo menos
son mui respetables entre las Naciones que las establecieron, y no entre las otras que al lance de esta-
blecerlas no dixeron esta boca es mia. Si no os en-
tienden, volved á pedir las pesetas, haciéndolo prac-
ticamente; que hai auditorios de cal y canto, y suelen salir las gentes diciendo: Bien ha predicado el Padre, pero yo no lo he entendido. Proseguid con gravedad: De todos estos Derechos nace otro, llamado
positivo, y es el que han tratado los citados Autores,
y ultimamente en Castellano Don Joseph de Olme-
da. A ellos todos os remito, con el encargo de que
aprendais de cada uno un parrafo retumbante, con
cuya repeticion, y las noticias que os acabo de dár,

todo el mundo os tendrá por unos consumados Publici
juris-peritos á la Violeta.

✕✕✕✕✕✕✕✕✕✕✕✕✕✕✕✕✕✕✕✕✕✕✕✕✕✕✕

VIERNES.
QUINTA LECCION.
TEOLOGIA.

NO sé por qué se ha escrito tanto sobre la Teología. Esta facultad trata de Dios. Dios es in-
comprehensible. Ergo es inutil la Teología. Este silogismo se aprenderá de memoria, y se repetirá con sumo desprecio ácia los Teologos. Sin embargo de esto,
para que no me echeis en cara que falto á lo que pro-
meto, y que no os enseño Teología, escuchadme; y
seréis tan Teologos como yo. ¿Creeréis acaso, que
para ser consumados Teologos es menester, antes que
todo, una suma y humilde veneracion al Ente Supremo, de cuyos atributos se vá á tratar; y á todas las
verdades que se ha dignado revelarnos, un pleno conocimiento de los idiomas Hebréo, y Griego; una
gran posesion de la Historia sagrada; un estudio mui
largo de las costumbres Judaicas; una idéa exacta de
la Doctrina de cada uno de los Padres de la Iglesia;
una noticia segura del estado de la primitiva Iglesia;
una relacion auténtica de los Concilios, y otros mil
requisitos semejantes? Inocentes! nada de esto os parezca util; bastará que tengais unos quantos Diccionarios; el de la Biblia, el de las Heregías, y Cismas,
el de los Concilios; los cartapacios de algun Maestro,
y mucha osadía para trinchar, cortar, traer, truncar,
y alterar textos de la Biblia, de los Padres, y de los
Con-

Concilios. Daréis en las conversaciones comunes la distincion entre la Escuela Tomistica, y Escotista; no olvideis lo sutil, y lo angélico. Hablaréis de las versiones y exposiciones mas famosas de la Biblia. No se os caigan de la boca Lyra, Cartagena, los Setenta, Gonet, Petavio, &c. Caed sobre las Sectas heréticas con el Diccionario de las heregías en la mano. Decid la patria, vida, profesion, obras y muerte de cada Heresiarca. Por exemplo, haced caer la conversacion un dia sobre los Luteranos, cuyo artículo habreis aprendido de memoria la vispera, y diréis como un papagayo: Lutero fue Saxon: nació en Isléb en 1483. Estudió Gramática en Magderburg y Estenac; Filosofia en Erford, y despues se aplicó al Derecho con ánimo de seguir la Toga. Tomó el hábito de San Agustin, dexando el mundo por haber visto á un amigo suyo morir abrasado de una centella. Luego encajad su disputa con los Dominicos, y las Conclusiones famosas que sostubo á cerca de las Indulgencias, con la excomunion que el Papa Leon X. fulminó contra él, si no se retractaba en el tiempo que fijó. Decid como apeló de esta excomunion á un Concilio futuro, y todos sus otros desordenes. Lo mismo podréis aprender de memoria, y recitar acerca de los restantes Heresiarcas, con el mismo Diccionario, sin mas trabajo que saber el abecedario de la Cartilla, que sin duda no habréis olvidado, pues alguno de vosotros lo tubo poco há en las manos; y por poco que os detengais en el estilo, habrá para muchos dias en cada artículo, lo qual es contra nuestro método; y asi formaréis un laberinto de Pelagianismo, Socinianismo, Eutichianismo, Maniqueismo, Calvinismo, Arrianismo, Molinosismo, Melchisedecianismo, Colyriadismo, Zuinglismo, Andronicianismo, Antitrinitarismo, Concienciosismo, Cleobulismo, Quakerismo, que encajaréis á roso y belloso, venga ó no, al caso. A lo mas,

mas,

mas, daréis la etimología de algunos de los nombres
de estas Sectas, y su origen; porque su sistema, re-
futacion, progreso, ú caida, es negocio para mas despacio; y si os aprietan sobre que toméis el punto mas
individualmente, sacad un relox, y decid que es la
hora precisa de la Comedia, ó sacad el otro, y decid
que se os ha pasado el tiempo, pero que tenéis que ir
á cierta parte, y marchaos á beber un vaso de agua
por un quarto, á la Puerta del Sol, si es verano; y
de allí á casa á estudiar otro parrafo para mañana. No
os aconsejo os metais en contar las heregías primeras
en que se pide mucho conocimiento de lenguas, y de
Historia; y os exponeis bonitamente á docir mil desatinos teologicos, y literarios. Antes caed sobre los He-
reges modernos, cuyos errores son mas recientes, y
conocidos. ¿Quién os quita que digais mucho y bueno de los Quakaros, cuyo principal dogma se reduce á tutear al mismo Rei, no llevar bueltas en la camisa, no llamar señor á nadie, no jurar en los Tribunales, ni quitarse el sombrero á alma viviente?

Si los concurrentes no son facultativos (como es
mui regular) cometed mil anacronismos en las citas
de los tiempos. No importa que digais que los Calvi-
nistas fueron condenados en el Concilio primero de
Jerusalén; y aplicad al Concilio que os parezca la
condenacion de la heregía, que mas rabia os dé; que
no han de volver los Heresiarcas á contradeciros. Que-
daos en la memoria con los nombres de aquellos que
sean mas raros en la pronunciacion, con los Icono-
clastas, Brounistas, Wicklefistas, Berengenarios, Ar-
rianos, Walfredistas, Ubiquirarios, Semipelagianos, &c.
y repetidla con frecuencia, y toda la voluvilidad de
lengua que podais. Con esto, y con citar el libro de
las Ceremonias religiosas de todo el Orbe, veréis sino
os tiene qualquiera por tintero, en que pudieran mo-
jar sus plumas Santo Tomás, San Agustin, Scoto, y
to-

todos los Maestros presentes, pasados, y futuros, cuya lista (digo de los pretéritos) estoi por regalaros sin mas trabajo que el de copiar sus nombres en alguno de los Diccionarios de este genéro, como lo hacen algunos, sin confesarlo, como yo lo confieso.

¿La sequedad de este discurso os espanta? Pues tened paciencia que algo os ha de costar ser sábios. Haced provision de los nombres de las cosas teologicas, yá dogmaticas, yá escolásticas, yá escolastico-dogmaticas, para arrojarlas promiscuamente, como quando en los dias de tempestad caen rayos, y piedra, agua, todo junto: Diréis pues, con aire misterioso mucho de decreto concomitante, auxilio eficáz, formas y materias, predeterminacion fisica, liturgia antigua, instante A, y instante B, concurso simultáneo, excomuniones canónicas, libertades de la Iglesia Galicana, San Agustin *de Trinitate*, simbolo de San Atanasio, disciplina eclesiastica, *utrum Concilium supra Papam vel è contra*, Congregacion *de Propaganda*, Conclave, Concilio Eucumenico, Sinodal, Conciliabulo, Cisma (con la diferencia entre cisma y heregía) Iglesia Griega, Catecúmenos, Ritos malabáres, ignorancia invencible, Celibatismo de los Sacerdotes, &c. &c. &c. Siempre empero con la esencialisima advertencia de no ahondar mucho estas materias, porque os exponeis, aunque esteis confiados de que hablais con ignorantes, porque baxo una mala capa suele haber un buen bebedor, y donde menos se piensa salta la liebre, y en boca cerrada no entra mosca; y asi creedme, id saltando por esas questioncillas, cómo gato por ascuas. Suscitad la question de ¿quál es peor la Idolatría, ó el Ateismo? Nombrad con igual pulso á los Doctores, y Teologos famosos, y sin cesar, al Maestro de las sentencias, aunque no sepais qué sentencias son aquellas, ni qué Maestro fue aquel. Entrad con Lárraga, y salid con Concina: hablad de

Jan-

Jansenio, de Quesnel de Arnaud, y de las cinco proposiciones, aunque no sepais qué cinco fueron éstas, ni qué tres aquellos. Tomad la Bula *Unigenitus*, y buelta á la de la *In Cœnâ*: no olvideis á Arias Montano, Sanchez *de Matrimonio*, Melchor Cano, Calmet, Natal Alexandro, Norris, y Benedicto XIV: proponed algun proyecto, ó á lo menos insinuad que lo estais componiendo para atraher la Iglesia Griega á la Romana: contad lo que sobre esto ha habido varias veces, buscando el correspondiente parrafo en la Historia Eclesiástica. Con esta ocasion hablad de Bossuet, de su historia, de las variaciones, y de la defensa del Clero Galicano, &c. Luego, haciendoos hombres importantes á la Religion, caed sobre la Mithología, y aqui podréis disparar sin tino con toda seguridad. Hablad quanto, como, y donde gusteis en esta materia. Decid de Júpiter, Saturno, Neptuno, Marte, Vulcáno, Mercurio, Plutón, Baco, Juno, Venus, Ceres, Cibeles, Minerva, Diana, Proserpina, y Palas, quantos adulterios, robos, falsedades, tiranías, y necedades se os antojen. Pegad luego con los Semidioses, y Semimedias Deidades. Entraos, como Pedro por su casa, por los infiernos poeticos, sin la rama, que llevó Enéas, ni la Lyra de Orphéo, ni la quisicosa de Telemáco; y volved contando á vuestro auditorio, que yá estará loco con tanta trápala, y barahunda, aquellos tormentos, del cuervo que roía las entrañas á aquel sugeto; de la mesa de Tantalo, parecida á la de Sancho en su gobierno; del cubo agugereado, que se habia de llenar de agua; lo del Cán Cerbero con sus tres cabezas; lo de Acheronte con su barca, &c. &c. ¿Pues qué os cuesta echaros un rato tixera en mano sobre el Alcorán, y quitarle quatro ó cinco hojas para contar el viaje, que el picaron del mozo de mulas, digo Camellos, embocó á sus sequaces, quando encontró aquel Angel que tenia setenta

F   mil

mil jornadas de un ojo á otro ojo, (se habla de los de la cara) setenta mil cabezas, y en cada cabeza setenta mil bocas, y en cada boca setenta mil lenguas, hablando con cada lengua setenta mil idiomas á un tiempo; que á fé que saliera buena algaravía? y luego haced el cálculo con un carbon en la pared de las lenguas que hablaria el niño, ó decid que yá llevais la cuenta sacada, que será mejor, y mas maravilloso, y echad millones de millones. Volved sobre los Paganos; y derribad al suelo sus Oráculos, con las Obras de Fontenelle y Feijoo. Pasaos de Delphos á Méjico con Solis en la Mano, y decid los bárbaros Sacrificios que hacian los Mexicanos á su Idolo con víctimas humanas. Desde México os llegaréis por el pasadizo al Cabo de Buena Esperanza, y decid lo primero que os venga á mano de los Hotentotes, y á fé que estais á mitad del camino del país en que se hallaron unos Christianos llamados de Santo Thomé, y concluid como mejor os pareciere, que yá me duele la cabeza, y es imposible que esta noche no sueñe con todo este cúmulo de infiernos, furias, oráculos, sacrificios, y horrores de los Paganos.

Para proceder metódicamente, ahora daréis la definicion de la Teología, diciendo que esta voz se compone de dos griegas, que significan *Sermo* y *Deus*; aprenderéis á escribirlas con carbon en la pared en caractéres griegos; y no faltará en el auditorio quien crea que son caractéres mágicos; y con esto os lavaréis las manos, si se os han ensuciado: os las meteréis en el manguito, haréis una gran cortesia, y os iréis en Dios y en hora buena á descansar, hasta mañana; quedando hoi contentos con haber adquirido justisimamente el nombre de verdaderos Teologos á la Violeta.

SABADO.

SEXTA LECCION.

MATEMÁTICA.

SI pedís á un Matemático la definicion de su facultad, empezad por pedir á Dios paciencia para que no os saque de ella la gravedad con que os ha de responder. Si le preguntais en quantos ramos se divide esta ciencia, no tendréis memoria para ir contando. Creo haber oído á no sé quien; haber leído no sé donde; haber sabido no sé como; y haber aprendido no sé quando, que baxo el nombre de Matemática se comprenden una infinidad de avechuchos con nombres todos durísimos de pelar; pero en pronunciarlos bien está todo el mérito á que podeis aspirar; porque vamos claros, esto de ponerse con sus cinco sentidos á lineas, y mas lineas, letras, y mas letras, números, y mas números, no es para vosotros, y sería el modo de privaros de los lucimientos exteriores, que deben ser las niñas de vuestros ojos. En qualquiera de sus Compendios, ó Diccionarios, veréis los nombres de los tratados que comprende, que son asombrosos en quantidad, y qualidad. Pero de todos estos, solo se os ofrecerá hablar con mas frecuencia de los siguientes tratados.

Geometría especulativa y práctica.

Artillería.

Fortificacion.

Náutica.

Arquitectura civil.

Astronomía.

Si

Si vierais los tomázos en folio, que hai escritos sobre cada parte de éstas, primero que de emprender este estudio, renegariais del padre que os engendró, de la madre que os parió, de la ama que os crió, y de la primera camisa que os pusisteis. ¿Pues qué de otra cosa, que llaman Algebra, y es una algaravía de Luzbél, con crucecitas y raítas dobles y sencillas, y aspas, y letras, y números, y puntos? Despeciad este estudio. La gente que lo sigue, se humilla infinitamente. Todo es llamarse unos á otros gente de mas ó menos, y parece que andan trás alguna tapada en Cadiz, ó trás algun murciegalo en las máscaras. La incógnita por aqui, la incógnita por alli. Ello será mui bueno; pero yo no lo entiendo, ni quiero entenderlo, ni que vosotros lo entendais, porque dicen que pide mucha aplicacion, constancia, y método, tres cosas tan enemigas de vuestras almas, como mundo, demonio, y carne.

Diréis pues con gravedad, que si el Autor de la Naturaleza puso todas las cosas *in numero pondere, & mensurâ* (como me parece haber oído en algun Sermon, que oí por casualidad) la Matemática es una ciencia divina, pues su objeto es calcular, pesar, y medir todas las cosas.

De la Geometría aprenderéis lo que son definiciones, axiomas, postulados, escolios, y corolarios. Aprended bien los nombres, y nada mas de las figuras, como circulo, triangulo, isoceles, escaleno, rectángulo, quadrado, pentágono, hexagono, y todos los acabados en gono, que son voces campanudas, asi como las siguientes, paralelipípedo, paralelogramo, diámetro, periferia, &c. Diréis lo que es medir distancias accesibles, é inaccesibles, levantar planos, reducirlos de mayor á menor. Explicad como podais la plancheta, quadrante, transportador, y otros instrumentos, de lo que hai un tratadito tan bonito, y tan

tan chiquito, que se puede llevar colgado como dige de relox. No os metais en explicar igualmente la pantometra (palabra compuesta de otras dos griegas, que significan universal medida) no os metais en eso, digo una, y otras mil veces, porque el demonio del instrumentico ese tiene un tratado solo para sí, y quiera Dios que baste. Alabad á la Geometría, no por conocimiento propio, sino por lo que habeis oído á otros; y jurad *in fide parentum*, que ella es la basa de toda la Matemática. Citad á Euclides, Tarquet, Tosca, la Caílle, Ozanam, y otros que os vendrán á pedir de boca Geometrica. Pasad á la Artillería con la Obra del Caballero San Remy; pero no en la mano que es mui pesada, sino en extracto, esto es, con la lista de sus tratados, y capítulos, y una ligera tintura de cada uno. Nombrad á mayor abundamiento la Obra de Don Diego de Alava, de la misma facultad, dedicada á Felipe II. en el año de 1590. Con estas dos, y algun compendio, ensayo, ó Diccionario, que habrá sobre este asunto, y yo no sé (porque ¿quién ha de tener tanto Diccionario, ensayo, y compendio en la cabeza?) arrojad bombas, balas, metralla, postas, clavos, sapos, y culebras, por culebrinas, cañones, morteros, minas, y brulotes. Aturdid á todos con parábolas, projeccion, ángulos, cureñas, merlones, baterías, plataformas, espeques, pies de cabra, espolétas, granadas, balas rojas, palanquétas, hornillos, y salchichones; y quando todavia esté el auditorio atolondrado con tanta gresca, encajadle la Catapulta, y otros instrumentos usados en los sitios antiguamente, hasta que civilizadas mas las Naciones, é instruidos mas los hombres, inventaron el modo de que quatro, ó cinco Artilleros, aunque sean cojos y mancos y tuertos, hagan tales habilidades con veinte, ú treinta libras de metal, que echen abajo una Phalange entera Macedonia. Volved á lo moderno, y decid con que gracia

se

se hacen volar por esos aires de Dios á muchos centenares de hombres, empujando por debajo el terreno en que están comiendo, bebiendo, ú durmiendo, solo con aplicarles unos granitos que ni de mostáza; gracias á la travesura de un Españolito, llamado Pedro Navarro, de quien se celebraron entonces este chiste, y otros semejantes.

Como pedrada en ojo de Boticario vendrá aora á caer una noticia de cómo, quándo, y dónde se hizo el felíz hallazgo de lo que llamamos hoi polvora. Buscadlo, que no todo os lo he decir yo, y os quiero diligentes y aplicados; como yá lo habréis echado de vér.

Pero por quanto, con mucho menos estrépito, y estruendo, yá se habrán muerto de susto la mitad de las viudas, se habrán desmayado las virgenes, y habrán caído con accidente de alferecía los párvulos que os habrán escuchado, descomponed la cara de Bombarderos que os habréis puesto para esta fogosa conferencia, y poneos otra menos horrenda para explicar los fuegos de artificio, echando por via de preparacion el nombrecillo Griego que tiene este oficio, y es, sino me engaño, sobre poco mas ó menos, *Pyrothetnica*. (Ciudad que el diantre de la palabra le dexa á uno la boca abrasada, y la lengua echando chispas.) Contad los artífices mejores que ha habido desde el primero hasta el famoso Torija el de Alcalá de Henáres. Con esto, y con decir que el dia de Santa Barbara celebran los Artilleros su funcion, reventaréis de sábios en esta materia. De buena gana añadiera á lo dicho una disertacion sobre la mezcla, y fundicion de los metales, y del modo de poner granos á las piezas, pero no es para vosotros.

Para hacer mas amena, en lo que quepa, la erudicion morteral, cañonal, y culebrinal, (y ved ahí tres voces nuevas que me debe la lengua Castellana)

no-

notaréis que tienen tanta hermandad las ciencias entre sí, que del mismo modo que se llama pieza la Comedia que hace reir los habitantes de una Ciudad, se llama tambien el cañon que derriba sus murallas.

¡Pues qué de la fortificacion! Decid quanto se os antoje de la antigua, que poco vais á aventurar, pues pocos tienen noticia de ella. Si habeis caminado por Provincias en que se conserven reliquias de fortificaciones morunas, hablad de almenas, contrapuertas,&c. De la moderna, os aconsejára que os instruyerais por los libros del Mariscál de Vauban, Coetlogon, y otros semejantes, en quienes hallaréis todos los mejores métodos de estos, y otros Autores, lo fuerte, y lo flaco de cada obra, sus comunicaciones, ventajas, y propiedades: pero bien me guardaré de caer en tan craso error, y de induciros en el de tomar unas obras voluminosas: por ningun caso consulteis mas obras que algun libretillo Francés que no tenga arriba de cien hojas, con márgenes de altobordo: en ella encontraréis quanto os importe saber de Ornabeques, Obras coronadas, revellines, tenasas, caballeros, escarpa, contra escarpas, tenazas, caponera, palisada, glacis, galerías, bastiones, cortinas, troneras, y (cuidado con este par de terminitos) aproches, y contrapoches.

De la Náutica diréis quanto os venga á la boca, quando vayais á ver el canal de Madrid, con decir que hasta el descubrimiento de la brújula no se navegó de provecho, os ahorrais una infinidad de dudas sobre la navegacion de los antiguos. Buena gana de andaros ahora en disputas sobre si conocieron la América, ú solamente las Islas Terceras, ó si llegaron á la Isla de Cuba, ó si efectivamente fue Cadiz lo mas remoto que conocieron. Nada de eso. ¿Quánto mejor, mas facil, y mas lucido es aprender de memoria un vocabulario de Marina? Os basta saber, y decir que se lla-

llama popa la culata del navío, por mas señas que las
hai con sus cristales, talla, y dorado, que no parecen sino gavinetes de tocador de alguna Dama: proa,
la parte opuesta: bauprés un demonio de un palitro-
que sale por encima de la proa, que tiene sus velas
como qualquier palo hijo de vecino, una de ellas llamada cebadera: estrivor, la parte derecha del navío,
mirando de popa á proa: babor la opuesta: barloven-
to, el lado mas cercano al viento, y sotavento el otro:
tomar rizos no es poner papeles en el pelo al Capitan
del Navío, sino encoger parte de la vela que estaba
estendida: y con repetir esto con oportunidad, y magisterio, os tendrán por mas Marinero que Santelmo,
y no habrá vieja que no os pregunte por su marido
que viene de Indias.

De Arquitectura civil aprended los principios. Sabed qué es orden jónico, dórico, toscano, &c. colum-
na, basa, cornisa, capitél, entabladura, &c. Aprended los nombres de los Arquitectos de todas las Naciones; y no hableis jamás delante de los Maestros
de Obras.

De la Astronomía escoged entre los Sistémas de
Proloméo, Tycobrahe, y Copérnico aquel que mejor os pareciere. Aprended de memoria las distancias,
que los mas célebres Astrónomos han calculado del
Sol á los otros Planetas, y son como sigue: Advir-
tiéndoos que entre los cómputos de mayor y menor
ha sacado un amigo éste, que es el medio; y yo lo
creo baxo su palabra de erudicion; porque sobre ser
hombre incapáz de levantar ningun testimonio á ninguno de los astros que Dios crió, no quiero yo an-
darme ahora á evacuar citas entre ellos, tomando á
Mercurio por allá, y dexando á Venus por acá, y
huyendo de Marte, y buscando la tierra, y otras cosas de este trabajo y calidad.

Pla-

Planetas.	Leguas de distancia del Sol.
Mercurio	12000000
Venus	22000000
Tierra	30000000
Marte	46000000
Jupiter	155000000
Saturno	286000000

Y esto bastará para que os tengan por Don Alfonso el
Sábio, y mas si empezais á pronunciar con enfasis las
espantosas voces Ecliptica, Coluros, Grados, Planetas, Astros, Estrellas fixas, Eclipses, Discos, Pára-
laxes, Cometas, Elipse, Rotacion, Período, y los demás que encontraréis en qualquiera Diccionario As-
tronómico. Animo, hijos, que con esto solo he visto
lucir algunos que no saben mas, ó sin duda fiados en
lo que dice Quevedo:

> El mentir de las Estrellas
>   es mui seguro mentir,
>   porque ninguno ha de ir
>   á preguntarselo á ellas.

los he visto pasearse por los Cielos como por el prado,
y dár movimiento á los cuerpos celestes, como quien
dá cuerda á un relox; y no parece sino que Dios se
aconsejó con ellos, quando formó esa máquina. ¿Os
parece poco gusto el que tiene un sábio quando se
pasea una noche estrellada con quatro ó cinco maja-
deros, diciendo: aquella estrella se llama tal, ú qual:
es de tal magnitud, está á tantas leguas de Getafe:
la descubrió fulano, ó sutano: aquellas siete, ú ocho,
ó setenta á ochenta forman una constelacion llamada
de este modo, ú del otro? Tomadle el gustillo, y os
chu-

G

chuparéis los dedos, y me daréis las gracias, conociendo que hasta dar conmigo no habeis sabido comer bueno, y barato; ni habeis merecido el mui brillante titulo de Matemático á la Violeta.

✶✶✶✶✶✶✶✶✶✶✶✶✶✶✶✶✶✶✶✶✶✶✶✶

DOMINGO.

SEPTIMA LECCION.

MISCELANEA.

ASI como el rio, llegando cerca del mar, se hace mas ancho, mas profundo, muestra mas mezcladas sus aguas, admite mayores peces, y lleva con mas fuerzas los bajeles de mas buque; asi tambien, Señores eruditísimos, mi ultima leccion, que es esta, será algo mas dilatada, mas llena de ciencia, mas abundante de especies várias, llevará mayores trozos de erudicion, y arrollará con mas fortaleza las objecciones de la ignorancia.

Permitidme que os llame á la memoria el asunto de mis lecciones pasadas, aunque sea necedad hablar dos veces de una misma cosa.

El Lunes aplaudí la excelencia de nuestro siglo, sobre todos los demas pasados, y futuros: en esto seguí la loable costumbre de todos los nuestros, que lo hacen con frecuencia y satisfacion, sin duda, para ahorrar este trabajo á la posteridad que tendrá, tal vez, otras cosas que hacer, ó será de otro dictamen. En el mismo dia os di un pleno conocimiento de las ciencias, su objeto y su utilidad; y señalé tambien las qualidades que debe tener todo el que aspire á estudiar con provecho este curso, no queriendo admitir

tir

tír á mi Escuela hebdomadal (qué poco os esperabais
este terminillo!) sino á los que muestren esta natural disposicion. ¿De qué me servirían unos hombres,
que para averiguar una cita se están con los codos
compenetrados con el bufete horas, y mas horas; ni
aquellos, que para adelantar en público una proposicion, abren diez libros, preguntan á veinte doctos,
y gastan quarenta noches en rumear la especie, y aun
despues de esto la profieren con modestia, y descon-
fianza? De nada servirían sino de entristecer mi Academia, de lo que Dios nos defienda.

El Martes os dixe mas de lo necesario; estube su-
perabundante en las materias poetica, y oratoria; y
á fé que me quedó cansada la cabeza.

El Miercoles os enseñé todos los misterios de
la Filosofía de antaño, y de ogaño, de aquende, y
de allende. ¡Pero qué bien!

El Jueves dixe bravas cosas del Derecho de gentes, y de la naturaleza; y cuidado que estube precioso!

El Viernes os enseñé Teología, y á fé que dixe
cosas estupendas.

Ayer Sabado hablé de Matemática; y á la verdad,
con gran solidéz.

Hoi Domingo, despues de encargaros que repa-
seis las lecciones de los anteriores dias, algunas veces, mientras os cepillan el vestido, ó mientras arri-
ma el coche, os digo que no basta el profundo conocimiento que os he inoculado (¡qué alusion á las
viruelas!) con sumo método, y primor; se ha hecho indispensable una tintura menos sólida de otras facultades, y noticias, como son las siguientes.

Historia.
Lenguas vivas.
Blason.
Musica.
Viages.
Critica.

Si yo me hallára en vuestro pellejo , me seria facil ad-
quirir la fama de hombres incomparables en la ciencia
histórica , no por cierto, con leer la Biblia, los Varones
de Plutarco , los Anales de Tácito , la historia de los
Cesares, por Suetonio, Dionisio Halicarnaso , y otras
de esta autoridad entre las antiguas, la universal de Ro-
lin , las de las Españas, por Mariana, Garibai, Ferreras, Herrera , Zurita, Bernal Diaz del Castillo, Solís , Inca , y otros varios; la de la Gran Bretaña por
Hume , la de Francia por el Padre Daniel, y las de
los demás países por sus Autores mas célebres; en ninguno de estos prolijos escritos , ni siquiera el universal Compendiador, el Presidente Don Hainault , y sus
imitadores, que han reducido los Anales de todos los
pueblos del mundo á unos cortos compendios chro-
nologicos. Nada menos que eso. Mucho mas os hareis insignes, con decir , que es corto el trecho que
hai de la fábula mas ridicula , á la Historia mas estendida.

Repetid, que tan poca fé dais al Alexandro de
Quinto Curcio, y al Cortés de Solís , como al Aqui-
les de Homero. Esto se llama destruir el edificio por
el cimiento , y caminar con paso gigantesco al templo de la singularidad , deidad no conocida de los
Romanos. Pero como muchas veces los auditorios son
como los niños , que si no comen han de jugar , y si
no juegan han de comer, tomad los expresados compendios, que en pocas hojas os dirán quanto ha pasado,
y si me apurais, quanto ha de pasar desde el principio en
que crió Dios el Cielo y la tierra, hasta la venida del
Ante-Christo. Bien es verdad que el tal Presidente dice
mui seriamente , que el edificio del Escorial fue edi-
ficado por el dibujo de un Arquitecto Francés, (y
aqui que no nos oye, miente, voto á tantos, que el
tal se llamaba Herrera, por mas señas que era Gra-
nadino) pero no obstante este descuido , que algunas

gen-

gentes llaman preocupacion, ó ignorancia, el citado Presidente sea vuestra guia, y por años os dirá quanto necesitais saber.

Las lenguas vivas forman hoi un renglon mui importante de la educacion y erudicion. Os pido encarecidamente no romeis este estudio de veras ; porque esto de aplicarse á la Francesa, Inglesa, Italiana, y Alemana, pide quatro vidas ; y mas si os detubierais en aprenderlas de raíz, esto es, su origen, variaciones, indole, abundancia, ó pobreza, progresos, relaciones, y usos. Basta que sepais del Francés lo preciso para leer algunos libritos que no parecen sino de azucar, mazapán, y caramelo. Del Italiano lo suficiente para entender las arias que cante alguna dama. Del Inglés decid que es lengua de pajaros ; que tiene pocas reglas ; que suelen poner la señal del genitivo, dativo, y ablativo al fin de la oracion : que en sus poesias parten sus palabras por medio, quando lo necesitan, como el Albañil parte su ladrillo para embutirlo en pared. Del Alemán decid que es lengua mui aspera, pero alabad su antiguedad. Si decis que de vuestra lengua todas las palabras que empiezan con *al*, como alcahuete, alcaide, alcuza, alameda, y otros, son arábigos, os tendrán por interprete general, y tendréis los votos todos, *nulla discrepante*, para archiveros de la torre de Babél.

En todo esto no hallo mas que un solo, y leve inconveniente, á saber, que con el imperfecto conocimiento de tantos idiomas olvideis el de vuestro mismo país ; pero despreciad este escrupulillo, con el consuelo de que muchos retacitos de varias lenguas hacen un idioma entero, porque muchos poquitos hacen un cirio pasqual. Quexaos muchas veces de la pobreza del Castellano, y decid, que Carlos Quinto fue un majadero en publicar, que este idioma es el mejor para hablar con Dios, sin duda porque

que

que creyó hallar en él mucha magestad, abundancia, dulzura, y energía. Decid que no tenemos en Español palabra que signifique las siguientes Francesas, *Papillotage*, *Coqueterie*, *Persiflage*, y otras varias de esta importancia: ni las Inglesas *Rake*, *Freethinker*. Irritaos quanto puede un sabio contra los Españoles, que pretenden ser su idioma capáz de todas las hermosuras imaginables: que con este motivo citan pasages de sus Autores antiguos, que ya no entendemos, y que se oponen á la entrada de todo barbarismo, ó voz estrangera, como si fuera un exército Moro, que desembarcára en la costa de Granada.

Como quiera que habeis de procurar comer siempre con Grandes, Embajadores, y poderosos, tomad alguna noticia de Blason; sabed lo que es gules, sinople, suportes, faja, timbre, armiño, gefe, punta, costado, pasante, rampante, quarteles, y otras voces que parecen de mágia negra, y quatro, ó cinco retazos de Blason; y hablando de vuestra casa decid: mi escudo es de quatro quarteles, primero y quarto al campo de gules, un leon rampante de oro, coronado de plata; y el segundo y tercero sinople una águila imperial de plata, coronada de oro, orla de oro, y ocho armiños, tres en gefe, dos en costado, y tres en punta, suportado de dos ángeles, carnacion, con dalmática azul, sembrado de leones de oro, por timbre un camello, y un elefante de plata con vandera de armiño, y por mote, ó grito, ¡*Qué pesados!* ú otra série de desatinos semejantes, porque ¿quién os ha de entender? Tened presentes unas quantas genealogías libres de polvo y paja, y encajad su grano á celemines, que no faltará jumento que lo trague.

De la musica hai mucho que hablar. Exclamad que la buena se aniquiló. ¿Donde hallarémos, direis, aquella composicion que hacia tan maravillosos efectos, como la historia nos cuenta? (esto vendrá mal, si si habeis dicho que toda historia es fabula ; y os tendrán por inconsecuentes ; pero esto se reduce á dexar pasar algun intervalo considerable de una conversacion á otra ; como seis, ó siete minutos ,) ¿ dónde hallarémos , direis , aquellos efectos prodigiosos que causaban los tonos antiguamente de este, ú del otro modo combinados, y modulados? ¿Qué músico moderno Italiano , ú Alemán hará hacer al gran Visir de los Turcos los excesos, que Timoteo hizo hacer á Alexandro , á quien dominaba tanto con la música, que le hacia pasar del ódio á la ternura , de la ternura al rencor , del rencor á la piedad, y asi por todas las demás pasiones humanas? En ninguna parte. Nuestra música está toda reducida á quatro clausulas amorosas , ó furiosas, sin conexion, modulacion, ni dominacion sobre el alma ; ni el *Stabat mater* del Pergolese , ni las tonadillas de Mison son capaces de mover una tecla de las infinitas que tiene el buen templado órgano del corazon humano.

El renglon solo de viages es una Babilonia ; pero lo que puede el método ! En un tris os sacaré del apuro. O habeis de viajar en cuerpo y alma , ó leer los viages que andan impresos. Si viajais efectivamente , guardaos bien de seguir el metodo que prescribe el adjunto papel , en que me traxeron embueltos unos vizcochos de la confitería, y era del tenor siguiente.

INSTRUCCIONES

Dadas por un padre anciano á su hijo que vá á emprender sus viages.

ANtes de viajar , y registrar los paises extrangeros , sería ridiculo, y absurdo que no conocieras tu misma tierra ; empieza , pues , por leer la Histo-

toria de España, los Anales de estas provincias, su
situacion, producto, clima, progresos, ú atrasos, Comercio, agricultura, poblacion, Leyes, costumbres,
usos de sus habitantes; y despues de hechas estas observaciones, apuntadas las reflexiones que de ellas te
ocurran, y tomando pleno conocimiento de esta peninsula, entra por la puerta de los Pirinéos en Europa: Nota la Poblacion, Cultura, y amenidad de la
Francia, el Canal con que su mayor Rey ligó el
Mediterraneo al Occeano: las antiguedades de sus
Provincias Meridionales, la industria, y Comercio
de Leon, y otras Ciudades; y llega á su Capital: no
te dexes alucinar del exterior de algunos jovenes in-
trépidos, ignorantes, y poco racionales. Estos agra-
vian á sus Paisanos de mayor mérito: busca á estos,
y los hallarás prontos á acompañarte, é instruirte, y
hacerte provechosa tu esencia en Paris; que con otros
compañeros te sería perjudicial en extremo.

Despues que escribas cada noche lo que en cada
dia hayas notado de sus Tribunales, Academias, y
Policia, dedica pocos dias á ver tambien lo ameno,
y divertido, para no ignorar lo que son sus Palacios,
Jardines, y Teatros, pero con discrecion, que será
horrorosa para tí, y para tus Paisanos. Despues en-
caminate ácia Londres, pasando por Flandes, de cuya Provincia cada Ciudad muestra una historia para
un buen Español: nota la fertilidad de aquellas Provincias, y la docilidad de sus habitantes, que aun con-
servan algun amor á sus antiguos hermanos los Españoles.

En Londres se te ofrece mucho que estudiar. Aquel
Gobierno compuesto de muchos; aquel tesón en su
Marina, y Comercio; aquel estimulo para las Ciencias, y Oficios; aquellas juntas de sabios; la altura
á que llegan los hombres grandes en qualesquiera Facultades y Artes, hasta tener túmulos en el mismo
Tem-

Templo que sus Reyes ; y otra infinidad de renglones de igual importancia; ocuparán dignamente el precioso tiempo, que sin estos estudios desperdiciarias de
un modo lastimoso en la *Crápula* y *Libertinage* (palabras que no conocieron mis abuelos, y celebraré
que ignoren tus nietos.) Además de estos dos Reyes,
no olvides las Cortes del Norte, y toda la Italia, notando en ella las reliquias de su venerable antiguedad,
y sus progresos modernos en várias Artes Liberales;
indaga la causa de su actual estado, respecto del antiguo, en que dominó al Orbe desde el Capitolio: Despues restituyete á España, ofrecete al servicio de tu
Patria; y si aun asi fuese corto tu mérito, ó fortuna
para colocarte, casate en tu Provincia con alguna
muger honrada y virtuosa, y pasa una vida tanto
mas feliz, quanto mas tranquila en el centro de tus
estudios, y en el seno de tu familia, á quien dexa-
rás suficiente caudal con el exemplo de tu virtud. Esta
misma herencia he procurado dexarte con unas cortas
posesiones vinculadas por mis abuelos, y regadas primero con la sangre que derramaron alegres en defensa de la patria, y servicio del Rey.

Aqui estaba roto el manuscrito, gracias á Dios,
porque yo me iba durmiendo con la lectura, como
habrá sucedido á todos vosotros, y á qualquiera hombre de buen gusto, bello espiritu, y brillante conversacion. De otro cuño es la moneda con que quiero
enriqueceros en punto de viages, y asi dando á la ad-
junta instruccion el uso mas baxo que podais, tomad
la siguiente.

Primero: No sepais una palabra de España, y si
es tanta vuestra desgracia que sepais algo, olvidadlo,
por amor de Dios, luego que toqueis la falda de los
Pirinéos.

Segundo: Id como bala salida del cañon, desde
Bayona á Paris, y luego que llegueis, juntad un Con-

H   se-

sejo íntimo de Peluqueros, Sastres, Bañadores , &c. y con justa docilidad entregaos en sus manos, para que os apulan, labren , acicalen, compongan, y hagan hombres de una vez.

Tercero : luego que esteis bien pulidos, y hechos hombres nuevos, presentaos en los paseos, teatros , y otros parages, afectando un aire Francés , que os caerá perfectamente.

Quarto : Despues que os harteis de París , ó París se harte de vosotros , que creo mas inmediato, idos á Londres. A vuestra llegada os aconsejo dexeis todo el exterior contraído en París, porque os podrá costar caro el afectar mucho Galicismo. En Londres os entregareis á todo genero de libertad, y bolved al continente para correr la Posta por Alemania, é Italia.

Quinto : Bolvereis á entrar en España con algun estraño vestido, peinado, tonillo, y gesto, pero, sobre todo, haciendo tantos ascos, y gestos como si entrarais en un bosque, ó desierto. Preguntad cómo se llama el pan y agua en Castellano, y no hableis de cosa alguna de las que Dios crió de este lado de los Pirinéos por acá. De vinos, alabad los del Rin, de Caballos, los de Dinamarca, y asi de los demás renglones, y sereis hombres maravillosos, estupendos, admirables, y dignos de haber nacido en otro Clima.

La critica es; digamoslo asi, la policia de la Republica literaria. Es la que inspecciona lo bueno, y lo malo que se introduce en su dominio. Por consiguiente, los que exercen esta dignidad, debieran ser unos sugetos de conocido talento, erudicion, madurez, imparcialidad, y juicio, pero sería corto el numero de los Candidatos para tan apreciable empleo, y son muchos los que lo codician por el atractivo de sus privilegios, inmunidad, y representacion. Meteos á criticos de bote y boleo. Tomad sin mas, ni mas este encargo, que os acreditará en breve, con la confianza

que

que os habrá inspirado este curso ,arrojaos sobre quantas obras os salgan al camino, ó id á su encuentro como Don Quixote en busca de los encantadores , y observad las siguientes reglas de critica á la Violeta.

Primero: Despreciad todo lo antiguo, ó todo lo moderno: Escoged uno de estos dictamenes, y seguidlo sistematicamente ; pero las voces modernas y antiguas , no tengan en vuestros labios sentido determinado: no fixeis jamás la época de la muerte, ó nacimiento de lo bueno, ni de lo malo. Si os haceis Philo-antiguos (palabritas de la fábrica de casa, hecha de generos Latino, y Griego) aborreced todo lo moderno, sin excepcion: las Obras de Feijoo os parezcan tan despreciables como los Romances de Francisco Estevan. Si os haceis Philo-modernos (palabra prima hermana de la otra) abominad con igual rencor todo lo antiguo, y no hagais distincion entre una harenga de Demóstenes , y un cuento de viejas.

Segundo: Con igual discernimiento escogereis entre nuestra literatura, y extrangera. Si como es mas natural escogeis todo lo estrangero , y desheredais lo patriota ; comprad quatro libros Franceses que hablen de nosotros peor que de los Negros de Angola, y arrojad rayos, truenos, centellas, y granizo, y aun haced caer lluvias de sangre sobre todas las Obras, cuyos Autores hayan tenido la grande, y nunca bastantemente llorada desgracia de ser paisanos de los Sénecas, Quintilianos, Marciales, &c.

Tercero: No pequeis contra estos dos mandamientos, haciendo, como algunos, igual aprecio de todo lo bueno , y desprecio de todo lo malo, sin preguntar en qué pais, y siglo se publicó.

Quarto: Qualquiera libro que os citen , decid que ya lo habeis leido, y examinado.

Quinto: Alabad mutuamente los unos las Obras

de

de los otros ; *vice versa*, mirad con ceño á todo lo que no esté en vuestra matricula.

Sexto : De antiguedades; como monedas, inscripciones , &c. y de historia natural, facultades menos cursadas en España, apenas necesitais saber mas que los nombres, y quando no, Diccionarios, Compendios, y ensayos hai en el mundo.

CONCLUSION.

Cumplí mi promesa. Llené mi objeto: sereis felíces si os aprovechais de mi método, erudicion, y enseñanza, para mostraros completos eruditos á la Violeta.

SUPLEMENTO
AL PAPEL INTITULADO
LOS ERUDITOS
A LA VIOLETA.

❦━━━━━━━━━━━━━━━

EN VEZ DE PROLOGO
LEED ESTO POQUITO,
Y PERDONAD LA CORTEDAD.

ME consta que ha salido, está saliendo, ó vá á salir una cosa entre crítica, y sátira contra mí, y contra el hijo de mis entrañas, el Papelito intitulado LOS ERUDITOS A LA VIOLETA.

Los Sugetos que forman la sociedad literaria, que me vá á impugnar, son personas en quienes contemplo, y reverencio el mas maduro juicio, la mas profunda erudicion, la mas amena literatura, y la mas acreditada imparcialidad.

No

No escriben envidiosos del favor que el Público me ha manifestado, ni deseosos de que yo calle en adelante, ni con otro fin alguno de tan mala calidad, sino para enseñar á la Nacion, ilustrar la edad presente, é inmortalizar su nombre por los siglos de los siglos. Amen.

N O T A.

EL Público, el Impresor, y yo esperamos la impugnacion con la mayor impaciencia. El Público para divertirse, el Impresor para ganar, y yo para aprender: lo cierto es, que lexos de engendrarse en mí algun odio literario por esto, me hará mas apreciable el nombre de mis impugnadores; porque mas estimo á un sábio que me contradiga, que á un necio que me aplauda.

SUPLEMENTO.

EN vista de la aceptacion con que el Público ha favorecido la obra, si asi puede llamarse un quadernillo de papel, cuyo titulo es *los Eruditos á la Violeta*, me veo
en la obligacion de obedecer las insinua-
ciones de algunos de mis Lectores; y mas quando son
del espíritu, y del sexo, que se puede inferir de la
carta siguiente, que me llevó un criado desconocido,
á pocos dias de haberse publicado el referido curso
completo de todas Ciencias.

No sabiendo á quien dirigir la respuesta, porque
venía anónima la carta, y no queriendo que esto parezca servir de escusa, para dexar de responder, la di-
rijo al Público.

La carta, fielmente trasladada, decia asi, ni mas,
ni menos: Señor Catedrático á la Violeta: he visto el
papel de Vmd. escrito contra los falsos Eruditos, y en
favor de los verdaderos Sábios. Soi muger, y por tanto, en el sistéma de las gentes, no me han educado
con el conocimiento de las Matemáticas, Teología,
Filosofia, Derecho público, y otras Facultades sérias,
porque los hombres no nos han juzgado aptas para
estos estudios. El por qué, yo no lo sé, ni creo lo sepan ellos: lo cierto es que mi sexo mas hermoso, mas
sua-

suave, mas eficáz, mas perspicáz, y mas persuasivo, parece mas dispuesto á los grandes progresos apetecidos por los hombres, no obstante la aspereza del suyo. Este es mi dictamen; y exponiendole lisa, y llanamente, me aparto de la vanidad de quererle persuadir á Vmds.

Volviendo al asunto presente, digo que la Poesía sola es la Facultad única que nos permite el despotismo de los hombres en Europa, asi como en Asia el baño es la unica diversion que nos conceden con alguna libertad. En este supuesto, el teatro es la unica Cátedra á cuya asistencia se nos admite. De la Scena sacamos nuestra erudicion; y Calderon, Moreto, Lope, Metastasio, Corneille, Racine, Crebillón, Maffey, y Goldoni forman nuestras Bibliotecas. Estaba yo mui satisfecha de que se habia escapado á los hombres en esto una tolerancia capáz de llevarnos á todos los conocimientos humanos, quando mi marido, hombre mas racional, y mas amable que todos ellos, pues lexos de mirarme con desprecio, me instruye, como á sus hijos, me estima, como á sus amigos, y me ama, como á precisa mitad de sí mismo: mi marido, digo, me desengañó, demostrandome que hasta en la misma Poesía hai mil tesoros ocultos, que no se descubren en el Drama. Me ha explicado, y hecho aprender de memoria excelentes trozos de los buenos Epicos, y Satíricos, cuya hermosura, y mérito no he hallado en los Dramáticos. Con esto, con un rostro mediano, bastante desparpajo, y una lengua mui bien colgada, vea Vmd. si me tendré por juez en la materia. Asi es: y como tal, despues de haber leído la leccion de la Poesía, que Vmd. puso en el Curso completo, y tomado su verdadero sentido, pronuncio con toda la gravedad que requiere el importante caso presente, los siguientes fallos, á que Vmd. se sirvirá responder lo mejor que pueda.

L

I.

Las odas de Horacio, trozos de Virgilio, epigramas de Marcial, y en general, todos los versos latinos, que Vmd. copia, debieran tener su traduccion castellana al canto, para mí, y para otros individuos de mi sexo, y del de Vmd. aunque Vmd. perdone.

II.

Los pedazos de Corneille, Racine, Boileau, y otros Franceses que Vmd. cita, debieran estár extractados, y traducidos en buen lenguage español, quál se habla en Burgos, Zamora, Valladolid, y otras Ciudades de Castilla la vieja, y del mismo modo, y por la propria razon que arriba dixe.

III.

Lo mismo digo, y por la misma causa, de los Ingleses, é Italianos, y aun iba á decir de los Griegos; pero me detube, porque me consta que Vmd. ha olvidado lo poco que supo del idioma de los Pindaros, Homeros, Anacreontes; y sé que la conciencia de Vmd. (digo en lo literario) es demasiadamente escrupulosa para traducir al castellano la traduccion latina de alguna obra griega, y luego darnosla por acabada de llegar de Atenas en derechura.

Es quanto se me ofrece por aora que decir á Vmd. cuya vida guarde Jove de todo mal, pero sobre todo, de un mal erudito, como Vmd. dice en su Dedicatoria á Demócrito, y Heráclito. Madrid, &c. &c.

Voi á obedecer; aunque sin mas mérito que el de la obediencia, pues estoi firmemente persuadido de que los índoles de las lenguas son tan diferentes, como los temples de los Climas , y las naturalezas de los suelos; y por tanto creo que ninguna traduccion es capáz de dár verdaderas ideas de la excelencia de un original, y ni aún siquiera de las medianas hermosuras.

Empiezo, pues, volviendo á hablar con mis discípulos, de los quales algunos me han escrito, dandome cuenta de los progresos que han hecho, los aplausos que han tenido, los lances que han desempeñado, y las esperanzas que puede formar la republica literaria, si se llega á introducir el Curso *á la Violeta.*

TRADUCCIONES

DE LOS VERSOS LATINOS,
Franceses, é Ingleses, que se citan en la leccion de Poetica.

DE VIRGILIO.

Los versos hechos á las festividades que se celebraron en Roma, citados en la pag. 9. y son...

Nocte pluit totâ, redeunt Spectacula mane:
Divisum Imperium cum Jove Cæsar habet.

Esto es no ofrece por ahora que decir á Vm. Significado castellanamente, á mi corta modo de entenderlo...

Llovió la noche entera: al otro dia
las fiestas vuelven. Entre Jove, y Cesar
se dividió la inmensa Monarquia.

I Los

Los cinco siguientes, en la misma página, que
expresan las quejas que daba el buen Virgilio, al
ver que otro Poeta, raterillo del Parnaso, se había
llevado la gloria, y la recompensa de la arriba citada adulacion; á saber:

Hos ego versiculos feci, tulit alter honores.
Sic vos non vobis vellera fertis oves.
Sic vos non vobis mellificatis apes;
Sic vos non vobis fertis aratra boves.
Sic vos non vobis nidificatis aves.

Quieren decir, si no me engaña el corazon:

Hice estos versos; otro fue premiado!
así para otros lleva el buei su arado:
para otros hace el pájaro su nido:
así para otros hace miel la abeja:
para otros lleva su vellon la oveja,

Original, y traducción que no deben olvidarse,
porque esto de que uno haga el mérito, y otro lleve
el premio; sucede en nuestros dias lo mismo que en
los de Augusto.
Los dos que en la pagina siguiente expresan con
mucha pompa la venida de la nueva descendencia, y
son entresacados de otros muchos del mismo tenor,

Jam nova progenies Cælo demittitur alto,
Chara Deûm soboles, magnum Jovis incrementum,

Significan, segun mi dictamen, *salvo meliori:*

El alto Cielo nueva raza envia
prole á los Dioses grata,
de Jove descendencia augusta y pia.

I 2

Los

Los de la pagina 11, que son los primeros del segundo libro de la Eneida, y denotan la atencion con
que todos oyeron los cuentos que les contó el viajante, y causaron tanto efecto á la señora Dido, como
verá el curioso lector, y son......

Conticuere, omnes intentique ora tenebant,
Inde toro pater Æneas sic orsus ab alto.

Significan en romance......

Calló el palacio, y todo estubo atento:
asi habló Enéas desde el alto asiento.

Lucid, con este motivo, un poco de erudicion,
diciendo, qué muebles eran aquellos en que se colo-
caban los antiguos al rededor de las mesas; y en qué
postura se ponian, que hoi se tendria por poca crianza, asi como otras cosas mui usadas hoi, hubieran
parecido entonces mui estrañas.

Los siguientes versos en la misma pagina, que expresan los efectos que causó en el caballo de madera
la lanza que le arrojó Lacoonte, y son....

...Stetit illa tremens; uteroque recuso,
Insonuere cavæ, gemitumque dedere cavernæ.

Son como si dixeramos......

.....Qué trémula vibró, y al lado hiriendo,
se oyó en sus huecos un horrendo estruendo.

Y el que refiere la aceleracion con que Hector man-
da á Enéas que huya de Troya incendiada, y dice.....

Heu! fuge, nate Deâ, teque his, ait, eripe flammis.
Quie-

Quiere decir........

O tú, de Venus hijo,
escapa de las llamas, huye, dixo.

Pero por quanto forman un hermosísimo pedazo
toda la aparición de Hector á Enéas, y el coloquio
entre los dos, sufrid, discípulos mios, que os lo re-
fiera todo (y perdonad la molestia) traduciéndolo con
la libertad que me dá la gana de tomarme, sin ceñir-
me al rigoroso método literal de traducir tan usado
en nuestros dias, como decir que los faroles de las calles deben tener cubierta de *hierro blanco*, (en lugar de
hoja de lata) porque el original dice : *Fer blanc: Quot
homines tot sententiæ.* Bien traido Ciceron aquí! No
es verdad? Al caso.

*Tempus erat quo prima quies mortalibus ægris
incipit, & dono Divûm gratissima serpit.
In somnis ecce ante oculos mæstissimus Hector
visus adesse mihi, largosque effundere fletus,
raptatus bigis, ut quondam, aterque cruento
pulvere, perque pedes trajectus lora tumentes.
Hei mihi, qualis erat! quantum mutatus ab illo
Hectore qui redit exuvias indutus Achillis,
vel Danaûm Phrigios jaculatus puppibus ignes!
Squalentem barbam, & concretos sanguine crines,
vulneraque illa gerens, quæ circum plurima muros
accepit patrios. Ultro flens ipse videbar
compellare virum, & mæstas expromere voces.
O lux Dardaniæ, spes, ò fidissima Teucrûm,
quæ tantæ tenuere moræ? Quibus Hector ab oris
expectate venis? Ut te post multa tuorum
funera post varios hominumque urbisque labores
defessi aspicimus! quæ causa indigna serenos
fœdavit vultus? Aut cur hæc vulnera cerno?*

Ille

Ille nihil: nec mea quærentem vana moratur;
sed graviter gemitus imo de pectore ducens,
Heu fuge nate Deâ, teque his, ait, eripe flammis.
Hostis habet muros; ruit alto à culmine Troja
sat patriæ, Priamoque datum: si pergama dextrâ
defendi possent, etiam hâc defensa fuissent.
Sacra suosque tibi commendat Troja Penates.
Hos cape fatorum comites: his mœnia, quære,
magna pererrato statues quæ denique ponto.
Sic ait, & manibus vittas, vestamque potentem
æternumque adytis effert penetralibus ignem.

TRADUCCION.

YA me iba yo sin mas, ni mas, á ponerme á ello de veras, quando me vino el felicísimo, y preciosísimo pensamiento de echar el trabajo á puerta agena, y asi, levantandome del asiento, y dando quatro pasos, que apenas habrá mas, al otro extremo del quarto, saco de entre mis librotes la traduccion de la Eneida por el insigne Gregorio Hernandez de Velasco, por quien dice Luzán, con razon, que no tenemos que envidiar á Italia su Anibal Caro; y la copia al pie de la letra con la mayor humildad, y es como sigue. Pero no. Copiadlo vosotros.

Lo que copiaré yo mismo es la imitacion que hace de este trozo en su Tragedia la Hormesinda *Don Nicolás de Moratin*, á quien estimo tanto, como á Poeta, (y no á la Violeta) como quanto á amigo, (tampoco á la Violeta). Dice, pues, Pelayo en la Scena 5. del primer Acto.

Mas tú preguntarás qual haya sido
el suceso del Rei en tanto tiempo,
como duró el combate, ni podido
verle yo habia; al fin se me presenta

ca-

casi al morir la luz del postrer dia,
¡Mas ah Cielo! qué horrible, y demudado
Ai de mí qual estaba, y quan trocado....
de aquel Rodrigo, á quien Toledo augusta
vió en las fiestas de galas adornado.
La faz terrible, pálida, y adusta,
todo sangriento, y del sudor,
y heridas con horror desfigurado.
La barba yerta, sucia, y erizado
tenia el cabello, que empapado en sangre
agena, y propria, en hilos destilaba.
Lloroso, triste, acongojado estaba,
con el Manto Real todo rasgado,
y la Corona ya no la tenia.
Del carro de marfil saltado habia,
porque grandes montones de difuntos
el curso de las ruedas impedian;
y con largos gemidos, y profundos
tristísimos suspiros, sollozando
dice: O Pelayo, todo lo perdimos,
fuimos un tiempo Godos, y vencimos.
Fue Toledo, fue España, fue Rodrigo;
mas Dios de mi lascivia por castigo
contra mí levantó quantas naciones,
la media Luna en Africa, y en Asia
tremola en sus barbaros pendones.
á Damasco de Syria, y á la Arabia
el Gótico poder ha trasladado.
Huye, hijo de Fabila, que encargado
te dexó el Reino, &c. &c.

Supongo que el tal imita de modo, que dexaria
envidiosos á los imitados, y si no, acordaos de lo que
Jupiter dice á Venus en el lib. 1. de la Eneida, prometiendo, que despues de estenderse por todo el orbe
el Imperio de la descendencia de Enéas, su hijo, se

cer-

cerrarían las puertas del templo de la guerra, y dice:

.... furor impius intus
.... super arma, & centum vinctus aënis.
Post tergum nodis, fremet horridus ore cruento.

Y dixo Moratín......

Sobre un gran montón de armas aherrojado
con las manos atrás con cien cadenas
está allí el furor bélico amarrado,
rebientan en sangre las hinchadas venas;
y él morder quiere estando á su despecho
las piñas, y artesón del alto techo.
Rebuelcase rabiando con estruendo,
vuelve en blanco los ojos espantosos
encarnizados con visage horrendo:
colérico los dientes espumosos
cruge; hace estremecer la firme roca
bramando horrible con sangrienta boca.

Aludiendo al Archimuza, encadenado en el Al-
cazar de Segovia. Preguntaréis: ¿Quién fue este Archimuza? Solo os puedo decir que no fue combate
á la Violeta el lance en que se le aprehó si.

Pero, para que la posteridad se desengañe de una
vez, y vea la poca, ó ninguna fé que debe dar á los
elogios que suelen prodigar los Poetas á los heroes,
sepan quantos siglos vieren este mi presente Suplemento, ó bien colocado en la Biblioteca de algun sábio, que lo sacará con mucho tiento de su estante,
diciendo de él quantas cosas suele, ó bien puesto en
alguna tienda, emboluiendo canela, clavo, garbanzos,
espliego, ú otro semejante, amen de pajuelas, cor-
doncillo para cotillas, ligas de la mancha, ó cáñamo-
nes para canarios: sepan, vuelvo á decir, que el su-

so-

sodicho mui furibundo, y espantoso Morazo, el señor Archimuza, en lugar de estar haciendo todas esas
posturas de endemoniado, se estaba, para serviros,
mui quieto, haciendo candelilla azul, con su gran
jarra de agua fresca al lado; de la que se echaba con
frecuencia unos tragos entre pecho, y espalda, con
mucha edificacion de sus sequaces, que profesaban
un sumo ódio al licor tan reprobado por Mahoma,
y tan aprobado por Anacreonte. Me preguntareis,
¿quién fue Anacreonte? Si os lo dixera, supierais
tanto como yo; y no quiero criar cuervos que despues me saquen los ojos, ni alentar sierpes que me
muerdan el seno, ni gentes que digan: mi Catedrático es un pobre hombre, sé tanto como él. No, amigos: yo tambien tengo misterios, ese es mi fuerte. ¡Buena reflexion para los que no han de ser heroes!

DE OVIDIO.

Los versos de la Elegia tercera de este Caballerito
enamorado de profesion, Poeta por naturaleza, y des-
dichado por estrella, citados en mi pagina 15. y son,
si no los he olvidado, desde que me costaron azotes
de mano de un pedante, que hubiera trocado de buena gana todo Madrid, París, Londres, Viena, Napoles, Berlín, Turín, Florencia, Lelpsick, y Leyden
con Lovaina, Oxford, Bolonia, Salamanca, y Valladolid, por un poquito de Athenas, ó de Roma.

Cum subit illius tristissima noctis imago,
quæ mihi supremum tempus in urbe fuit.
Cum repeto noctem quà tot mihi chara reliqui,
labitur ex oculis nunc quoque gutta meis.

En Castellano ramplón se pueden traducir de este
modo.....

K   Quan-

Quando vuelve á mi triste fantasia
la horrenda noche de la ausencia mia,
quando me acuerdo del aciago instante,
en que me separé de esposa amante,
hijos, y amigos que me amaban tanto,
de nuevo empieza mi pasado llanto.

Los que se citan en la misma página del principio
de la Elegia septima, y son unas finísimas quejas de
los malos amigos, de que habia buena cosecha en aquel
siglo, y país, y no faltan, gracias á Dios, en los nuestros, se me antojó traducir, no hace mucho, hablando
de los mis amigotes, hallandome en una ocasion tan
parecida á la de Ovidio, como una gota de agua á
otra gota de agua, y me salió asi, ni mas ni menos,
supuesto el original, que dice asi...

In caput alta suum labentur ab æquore retro
flumina, conversis solque recurret equis.
Terra feret stellas: cælum findetur aratro:
unda dabit flammas: & dabit ignis aquas.
Omnia naturæ præpostera legibus ibunt,
parsque suum mundi nulla tenebit iter.
Omnia jam fient, fieri quæ posse negabam
& nihil est de quo non sit habenda fides.
Hæc ego vaticinor quia sunt deceptus ab illo
laturum misero quem mi rebar opem.

Sacad los lentes, limpiadlos con los finísimos pañue-
los, y mirad estos versos mismos castellanizados á mi
modo.

De aquel en cuyo pecho yo ponia,
en otro tiempo, la esperanza mia,
abandonado en mi dolor me veo.
Lo mas absurdo ya probable creo:
mis ojos ya verán, sin estrañeza,

rom-

romper sus leyes la naturaleza;
volver los rios contra su corriente,
torcer su carro Phebo ácia el Oriente:
aguas dará la flama, astros el suelo,
el agua incendios, y cosecha el Cielo.

Los que se siguen al mismo asunto, y son:

Donec eris felix multos numerabis amicos:
tempora si fuerint nubila, solus eris.

Merecen traducirse en una seguidilla, y aun son dignos de acompañarse con un par de compases de baile, y musica manchega, porque á tomarlo uno por lo serio, era cosa de morirse, y asi

Tendrás muchos amigos
con la fortuna;
pero quedarás solo,
si ella se muda,

Despues en la misma pagina 14. empecé, y extracté lo que en la Elegia primera del libro segundo dice Ovidio para templar á Augusto, que estaba, al parecer, sumamente enfadado por las travesuras del Poeta:

Si quoties peccant homines sua fulmina mittat
Jupiter, exiguo tempore inermis erit.
Hic ubi detonuit, strepitumque exterruit orbem
purum dicussit area reddit aquis.
Jure igitur genitorque Deum, rectorque vocatur
jure capax mundus nil Jove majus habet.
Tu quoque cum patria rector dicare, paterque,
utere more Dei nomen habentis idem.

Y por quanto ninguno puede decir de esta agua no

beteberé, y alguno de vosotros podreis hallaros algun dia en precision de ablandar cóleras, por travesuras parecidas á las de Ovidio en todo, menos en lo ingenioso, direis al mismo intento en romance, á no tomaros el trabajo de traducirlos menos mal:

No bastará el trabajo de Vulcano,
si Jove vibra con suprema mano,
un rayo, cada vez que peca el hombre:
Por eso dexa que despues que asombre
al mundo ingrato el horroroso trueno,
le aliente el Cielo con lucir sereno.
Por tal bondad, Señor, y padre amado
le llama el orbe entero congregado,
y Dioses, y hombres le proclaman justo.
Asi pues eres, ó benigno Augusto,
de toda Roma el Dios, el Padre, y Dueño,
dexa que venza la piedad al ceño,
y qual Jove, por todos adorado,
imitale con llantos, aplacado.

Las comparaciones del libro quarto en la primera Elegia que os encargué aprendieseis de memoria, y son:

Hoc est cur cantet vinctus quoque compede fossor,
    indocili numero, cum grave mollit opes;
Cantet, & innitens limosa prorsus arena,
    adverso tardam qui trahit amne ratem;
Quique ferens patitur lentos ad pectora remos,
    in numerum pulsâ brachia versat aquâ.
Fesus ut incubuit baculo, saxoque resedit
    pastor arundineo carmine mulcet oves.
Cantantis pariter pariter data prensa trahentis
    fallitur ancilla decipiturque labor.

Si

Si por mí fuera, se traducirían de este modo:

    Por eso canta el cavador con pena
al miserable són de su cadena.
    Y el que mueve los remos con gran brio
contra la fuerza del copioso rio,
llevando el barco que las aguas hiende,
y entrambos brazos al compás estiende.
    Y cansado el pastor canta sus quexas,
consolando su pena, y sus ovejas,
descansando en la peña, ó el cayado.
    Y en el largo trabajo señalado
la criada gustosa se apresura,
si canta, mientras el trabajo dura.

En la misma página está de su misma boca su vocacion á la poesía, la riña que tubo con su señor padre, y de ella puse quatro versecitos mui hermosos
suyos, mezclados con un poco de prosa mia, tan buena, y son con otros, que entonces tube mucha pere-
za para copiar:

    Sæpe pater dixit: studium quid inutile tentas?
      Mæonides nullas ipse reliquis opes.
Motus eram dictis: totoque Helicone relicto,
    scribere conabar verba soluta modis.
Sponte suá carmen numeros veniebat ad aptos,
    Et quod tentabam dicere versus erat.

Que yo hubiera traducido como sigue, si mi padre
me hubiera echado semejante plática:

    Mi padre disuadirme pretendia
del vano estudio de la poesía;
mil veces dixo: Homero pobre ha muerto.
Yo bien sabía que era todo cierto;

y del paterno labio ya movido,
condenaba las Musas al olvido,
procurando escribir sencilla prosa,
Pero el numen, con gracia prodigiosa,
á mis escritos daba la harmonía,
y versos eran quanto yo decia.

DE HORACIO.

Luego pegué con el señor Horacio, y me acuerdo, que despues de haber hecho de su poesia la crítica misma que yo he oído hacer á un personage mui
sabio sobre los *et*, y los medios vocablos con que acaba, y empieza los versos; cité algunos principios de
sus odas, y era la primera aquella que dice:

Integer vitæ, scelerisque purus
non eget mauris jaculis, neque arcu,
nec venenatis gravidâ sagittis,
Fusce, pharetrâ,
Sive per Syrtes iter æstuosas,
sive facturus per inhospitalem
Caucasum, vel quæ loca fabulosus
lambit Hydaspes.

Y á fé que era un pedazo dignísimo de una buena
traduccion pomposa, y grave, como las que hiciese
Frai Luis de Leon, ó uno de aquellos dos Aragone-
ses que vinieron á enseñar el Castellano á Castilla, segun Lope de Vega, que tiene voto en la materia;
pero no me hallo con igual habilidad, ni competente
humor; antes con gana de tomarlo de burlillas; y asi
sin amplificar lo de *mauris jaculis*, ni decir quien era
el Caballero *Fusco*, ni hablar de *Syrtes*, ni decir qué
casta de fruta eran *Caucaso*, *Hidaspes*, (todo lo qual
ya veis que me daria motivo para hacer obstentacion
de

de erudicion fabulosa, como de los colores de su cola la hace un pabo real) diré en su lugar, con la guitarra en la mano, tocando un corrido Malagueño:

Amigos, no tiene duda
que el hombre sencillo, y bueno
no necesita llevar
su trabuco naranjero,
ni bajo la humilde capa
la espadita de Toledo,
aunque por Sierra morena
pase una noche de ivierno,
ó en la venta de Miranda
regañe con el ventero,
ó por las Batuecas pase,
y atraviese aquel desierto.

Con mas formalidad lo tomó un acerrimo apasionado de la lengua castellana, traduciendolo en el mismo metro, y numero de versos; y viendo que yo lo tomaba de zumba, se me encaró, y dixo: En la quarta Cancion de sus obras impresas.

El decir de la vida, Fusco, religiosa
no necesita de moriscos arcos,
ni de la aljava llena de saetas
envenenadas.
O por las Syrtes ásperas camine,
ó por el yermo Caucaso nevado,
ó por la tierra donde fabuloso
corre el Hidaspes.

En la pagina 14. cité aquello de
Eheu! fugaces Posthume, Posthume,
labuntur anni.

Que

Que significa que los años se pasan sin ser sentidos,
cosa que hemos oído en prosa muchos años ha.

Luego trage à colacion aquella magestuosísima oda,
que no es para leida, aprendida, traducida, ni recita-
da por *Eruditos á la Violeta*; pero en fin, allá vá.

Odi profanum vulgus & arceo.
Favete linguis: Carmina non prius
audita, musarum sacerdos,
Virginibus, puerisque canto
regum timendorum in proprios greges,
reges in ipsos imperium est jovis,
clari gigantei triumpho
cuncta supercilio moventis.

Y lo restante, que de buena gana copiára yo aquí,
si no fuese por el escrupulo de hacer mui costosa esta
obrita; significa, pues, este principio en la lengua en
que Carlós V. decia que era justo se hablase á Dios;
pero siempre con la propuesta de que yo quiero traducir acá á mi modo; sin decir que sea bueno ni malo:

Lejos, lejos de mí, ¡Vulgo profano!
oídme, gentes, metros nunca oidos,
que, como Sacerdote de las Musas,
á las Virgenes canto, y á los niños.
Los pueblos tiemblan á sus sacros Reyes;
y los Reyes tambien tiemblan rendidos
ante el excelso trono del gran Jove,
á cuyo ceño el Cielo, y el Abismo
se mueve obedeciendo, y cuya mano
aterró á los Gigantes atrevidos.

No olvidemos aquello que cito en la pagina 15. y
explica la serenidad del hombre justo, aun quando
se halla en los mayores trabajos.

Jus-

Justum, ac tenacem propositi virum
non civium ardor, prava jubentium,
non vultus instantis tirani
mente quatit solidâ. Neque Auster
Dux inquieti turbidus Hadriæ,
Nec fulminantis magna Jovis manus.
Si fractus illabatur orbis,
impavidum ferient ruinæ.

Y confesando lisa y llanamente que no he hallado hasta ahora traduccion alguna de estos versos, que me cause la mitad del efecto que su original, digo así, á la buena de Dios:

    Al constante varon, de anímo justo,
    jamás imprime susto
    el furor de la plebe amotinada;
    ni la cara indignada
    del injusto Tirano;
    ni del supremo Jupiter la mano,
    quando, irritado contra el mundo, truena,
    ni quando el norte suena
    caudillo de borrascas, y de vientos.
    Si el orbe se acabára,
    mezclados entre sí los elementos,
    el justo pereciera, y no temblára.

La executoria de la moda, y sus preeminencias, y privilegios en materias de lenguage, que puse en la pagina 15. en tres versos de nuestro Horacio; á saber:

Multa renascentur quæ jam cecidere; cadentque
quæ nunc sunt in honore vocabula, si volet usus
quem penes arbitrium est & jus & norma
    loquendi.

C   De-

Debo traducirse asi. Nunca digan mis discípulos
que una cosa puede, ó no puede ser asi, sino debe, ó
no debe decir asi:

V.

Mil voces volverán que yá han caído,
y mil se olvidarán hoi estiladas,
si el uso quiere, porque de él depende
decirse, ó no decirse una palabra.

Y terémos pruebas de ello suficientes para fundar
esta máxima, pues una infinidad de voces, que en
otros tiempos se usaban, como *reprochar*, *ca*, *maguer*,
acatamiento, *fazañas*, &c. se han perdido. Bien es
verdad (y como se dice lo uno, se ha de decir lo
otro) bien es verdad, que en cambios nos ha hecho
recibir la señora moda otras voces, que no las enten-
diera Cervantes, Argensola, Saavedra, Leon, Mariana, ni Solís, como *coqueta*, *túr*, (*tour*) *detallar*,
y otras asáz particulares, que no ignorará el bené-
volo, y curioso, mi venerado dueño, y mui señor mio.

DE MARCIAL.

Me guardaré mui bien de traduciros el Epigrama
de Marcial, que copié en mi página 16, por la razon
qué alli mismo insinué: me bastará deciros que lo tra-
dujo primorosamente en castellano nuestro mui grave señor Argensola, con toda aquella severidad que
su retrato nos representa, y su estilo contradice.

Quatro dientes te quedaron,
(si bien me acuerdo) los dos
Elia, de una tós volaron,
los otros dos, de otra tós:
seguramente toser

pue-

puedes yá todos los dias,
pues no tiene en tus encias
la tercera tós que hacer.

Siendo el original:

Si memini, fuerunt tibi quatuor, Ælia dentes,
Expuit una duo tussis, & una duos
Jam secura potes totis tussire diebus
Nil istic quod agat tertia tussis habet.

Y por quanto sentiréis no haber oído de Cátulo,
Tibulo, y Propercio mas que los nombres, y os dá
el corazon que han de ser tres Poétas, como tres pa-
nales de azucar, os diré

DE CATULO.

El panegírico que hizo al difunto pajarito de su
Dama, que debe tener mui presente todo verdadero,
y digno Poeta á la Violeta, por lo que se dirá de aquí
á pocos renglones.

FUNUS PASSERIS.

Lugete ô Veneres, Cupidinesque,
& quantum est hominum venustiorum.
Passer mortuus est meæ puellæ,
quem plus illa oculis amabat
nam mellitus erat, suamque norat
ipsam tam bene, quàm puella matrem,
nec sese à gremio illius movebat.
Sed circumsiliens modo hûc, modo illuc,
ad solam dominam usque pipilabat
qui nunc it per iter tenebricosum
illud unde negant redire quenquam.

L 2

at

at vobis male sit, mala tenebra
orci quæ omnia bella devoratis
tam bellum mihi. Passerem abstulistis.
Oh factum male! oh misselle Passer!
tua nunc opera mea puella
flendo turgiduli rubent ocelli.

En castellano, siguiendo el metro en que Lope escribió sus barquillas, y Villegas sus cantilenas, diria yo, si se muriera el pájaro de alguna persona, á quien yo quisiese un si es no es, como Catulo quiso á Lesbia, advirtiendo que no he hallado voces que me llenen tanto en castellano, como en latin, *pipillare, venustus, mellitus.*

De mi querida Lesbia
ha muerto el pajarito,
el que era de mi dueño
la delicia y cariño,
á quien ella queria
mas que á sus ojos mismos.
Llorenle las bellezas,
llorenle los cupídos,
llorenle quantos hombres
primorosos ha habido.
Porque era tan gracioso,
y con tan bello instinto
conocia á su dueño
como á su madre el niño.
Yá se estaba en su seno,
yá daba un vuelecito
al uno y otro lado
volviendo al puesto mismo,
su lealtad y gozo
mostrando con su pico.
Aora vá el cuitado

por el triste camino
por donde nadie vuelve
despues de haber partido.
¡O mal haya, mal haya
vuestro rigor impío,
tinieblas destructoras,
crueldad del abismo!
que destruyendo al mundo,
tambien habeis sabido
arrebatar de Lesbia
el pájaro querido.
¡O malvados rigores!
ó triste pajarillo!
que causan á mi Lesbia
duro llanto continuo,
y quitan de sus ojos
aquel hermoso brillo.

De donde inferiréis que esto mismo os puede ser de la mas alta utilidad, aplicandolo, segun convenga, á la muerte de algun gatito, perrito, ó papagayo de alguna persona á quien querrais un poco mas que como á proximo. Esto solo había de hacer mi nombre grato á vuestros oídos, y mi fama eterna á toda aquella dichosa parte de la posteridad, que piense á la Violeta. Por esta muestra veréis el paño de que vestia sus obras este Caballerito. Os aseguro, que fue mas pájaro que el mismo, en cuya muerte lloró con tanta dulzura: y perdonad el equivoquillo.

DE TIBULO.

Veréis con qué astucia, y suavidad, (y Dios nos libre, si se juntan suavidad, y astucia) decia á su Dama, que la esperanza de que algun dia ú otro depondria su esquivéz, y ceño, le mantenia en pie.

Jam

Jam mala finissem letho; sed credula vitam
spes fovet, & melius cras semper ait.
Spes alit agricolas; spes sulcis credit aratis
semina, quæ magno fænore reddat agro:
Hæc laqueo volucres, hæc captat arundine pisces,
cum tenues hamos abdidit ante cibos.
Spes etiam valida, solatur compede vinctum:
crura sonant ferro, sed canit inter opus.
Spem facilem Nemesim spondet mihi...

Y como quiera no sois tontos, yá habréis advertido con madura reflexion, que el niño sabía mui bien á qué hora se habia de comer la merienda. Traducidos estos versos, dirian asi, si por mí fuera, y me hallára en semejante lance, lo que sintiera mucho, porque la esperanza sola es mas tormento, que quantos inventó Diocleciano. Pronto id á la historia á vér quién fue ese amigo:

A no aliviar mis penas la esperanza,
prometiendo en mi suerte la mudanza,
pusiera fin la muerte á mis dolores.
Ella alivia á cansados labradores
con la cosecha; premio en su fatigas
á pájaros, y peces ella obliga
al cebo, y á la red que los engaña.
Al preso, que con cantos acompaña
el miserable són de sus cadenas,
la esperanza le alivia de sus penas;
y ella tambien me alienta contra el ceño
con que me aflige mi tirano dueño.

DE

DE PROPERCIO.

Tambien este Señorito tenia templada la lyra por
el mismo tono: si no lo creis, escuchad como se explica en la Eleg. 1. Lib. 2.

Quæritis unde mihi toties scribantur amores,
  unde meus veniet mollis in ora liber.
Non hæc Calliope, non hæc mihi cantat Apollo,
  ingenium nobis ipsa puella facit.
Sive Togis illam fulgentem incedere Cois
  hoc totum, è coâ veste, volumen erit.
Seu vidi ad frontem sparsos errare capillos,
  gaudet laudatis ire superba comis.
Sive Lyræ carmen digitis percussit eburnis
  mirantur faciles ut premat arte manus.
Seu cum poscentem somnum declinat ocellos
  invenio causas mille poeta novas.

Un Poeta moderno, en lugar de *toga coa*, pon-
dria el tontillo, ó la bata, ó el deshabillé, ó el dominó; y en lugar de lyra, diria el cláve, ó la guitarra, ó el salterio, segun su humor, y asi seria mas
natural la siguiente traduccion:

  Si ecsribo tanto, si con tal dulzura,
  suelo decir de amor versos sabrosos,
  sabed que todo me lo inspira Cinthia,
  y no las Musas, ni el divino Apolo.
  Quando la veo con la toga coa
  de ella y su manto escribo un grueso tomo.
  Quando he mirado de su blanca frente
  caer las trenzas del cabello de oro,
  su pelo canto con graciosos metros,
  que ella recibe con benigno rostro.

Quan-

Quando los sones de su lyra escucho,
su mano alabo, su gracejo, y tono:
y mil asuntos hallo para versos,
quando el sueño ha triunfado de sus ojos.

Y luego el buen Poeta dice lisa, y llanamente otras cosas no tan inocentes, como bonitas, que yo no copiaré, ni traduciré; porque quiero que mis obras puedan leerse por todas las clases del estado. ¡Cosa harto estraña en un erudito á la Violeta!

Et cane quod quævis nosce puella velit, que dice el mismo.

DE LOS SATIRICOS.

De los Satíricos Juvenal, Persio, y otros, no diré palabra por todo el oro del Perú, toda la plata de México, y todos los diamantes del Oriente, incluso el que compró ultimamente la Czarina, siendo mui amigo de dexar á cada uno tal qual es, para que me dexen tal qual soi.

Hasta aquí queda servida la persona que asi lo quiso, por lo tocante á los Latinos. Procuraré hacer lo mismo con los Poetas Franceses, é Ingleses; pero en los Italianos no lo haré porque su poesía merece ser leída en su misma lengua, de donde Garcilaso, Herrera, y otros, introdugeron en la nuestra muchos métros, y frases poeticas, que la hermosearon en tanto grado, que nuestra buena poesía se puede llamar hija de aquella, y asi bien me guardaré de tocar al Petrarca, Dante, Tasso, &c.

DE

DE Mr. BOILEAU.

Dixe en mi pagina 76 que se aprendiese de memoria, sin perder silaba, aquel hermoso pasage, en que
se sirve llamarnos salvages, porque no gustamos de
Comedia con unidades. Es el siguiente, en cuerpo,
y alma:

Ut rimeur, sans peril, de lá des pyreneés,
sur la scena en un jour, renferme des aneés,
la souvent le heros d' un spectacle grossier.
enfant au premier acte, est barbon au dernier.

Que significa, sobre poco mas, ó menos:

Bien puede allá en España un mal coplista
poner en tablas en un dia solo
años enteros; y se vé á menudo
de un grosero teátro el heroe mismo
en la primer jornada niño tierno,
y en la postrera, trémulo con canas.

Y aqui, inter nos, digo en parte que no tiene razon,
y en parte que la tiene. No la tiene en decir *un Spectacle grossier*, porque yá veis que esto no es buena
crianza; y la tiene en que algunos de nuestros Poetas del siglo pasado (en descanso estén sus almas,) se
burlaron bonitamente de todas las clases de la Nacion, poniendo en las tablas unas cosas hasta *intra-
gables*; (ved como no quiero perder mi privilegio de
enriquecer nuestra pobre lengua.) No peino canas,
gracias á Dios, y me acuerdo haber visto una Comedia famosa (asi lo decia el Cartél) en que el Cardenal Cisneros, con todas sus reverendas, iba de Madrid
á Orán, y volvió de Orán á Madrid en un abrir, y

M   cer-

cerrar de ojos; y alli habia Angeles, y Diablos, Christianos, y Moros, Mal, y Corre, Africa, y Europa, &c. &c. Y bajaba Santiago en su caballo blanco, y daba cuchilladas al aire, matando tanto perro Moro, que era un consuelo para mí, y para todo buen Soldado Christiano; por señas que se descolgó un Angelón de madera de los de la Comitiva del Campeon celeste, y por poco mata medio patio lleno de Christianos viejos, que estabamos con las bocas abiertas, no pareciendonos bastantes los ojos para vér tanta cosaza como alli veíamos con estos yá dichos ojos que han de comer los gusanos de la tierra.

DE Mr. CORNEILLE.

Dixe que éste, y el que sigue, cultivaron la buena poesia; y lo vuelvo á decir. Dixe que este insigne padre del teatro Francés hizo un Cid, que no parece Español; y lo vuelvo á decir, porque sobre haberle yo visto vestido, y peihado á la Francesa con su casaca, chupa, y calzon mui bien cortado, y hecho, segun la ultima moda de París, por los años de 1757. suele decir algunas cosas poco *analogas* al genio Español de aquellos tiempos, segun brujuleamos entre tinieblas, que sería el de mis abuelos de aquel siglo, y singularmente el del Cid Rui Diaz de Vivár, el que montaba Babieca, se ceñia la tizona, tomó á Valencia, fue amante de Doña Ximena, y yacé enterrado en el Monasterio de San Pedro de Cardeña, por cuyo nombre solia jurar con una elegancia, que acreditaba una vivísima fé en su corazon, segun aquello de que, bien cree, quien bien jura. Por mas que sean verdaderas las críticas que le hicieron algunos enemigos suyos; citandole pedazos enteros, que tomó del original Español, con sus pelos, y señales, la Tragedia *el Cid* merece una buena traduccion, para que comparada con la composicion de Guillen de Castro, se pueda juzgar lo que ha variado el gusto en siglos inmediatos, y países vecinos.

DE Mr. RACINE.

Dixe que en la Tragedia intitulada *Phedra* de este Autor, habia una relacion mui parecida á las que se hallan en los Dramas de Calderon, y otros; y para que veais si abusé de vuestra credulidad, y mi autoridad de Catedrático á la Violeta, ó si dixe la verdad pura, aqui os pongo la tal relacion, y juzgad si le falta para lo que he dicho mas que el acabar de las nuestras con aquello de

Agua, Tierra, Montes, Valles,
Prados, Fuentes, Aire, y Fuego,
Brutos, Peces, Fieras, Hombres,
Luna, Sol, Astros, y Cielo.

RELACION
EN LA TRAGEDIA DE LA
PHEDRA.

IL etoit sur son char. Ses gardes afligés
imitoient son silence, autour de lui rangés
il suivoit tout pensif le chemin de Mycènes.
Sa main sur les chevaux laissoit flotter les rênes.
Ses superbes coursiers, qu'on voyoit autrefois
pleins d'une ardeur si noble obéir a sa voix,
l'œil morne maintenant, et la tête baissée
sembloient se conformer à sa triste pensée.
Un effroyable cri, sorti du fond des flots,
des airs, en ce moment, a troublé le repos.
Et du sein de la terre une voix formidable
repond, en gemissant, à ce cri redoutable.
Jusqu'au au fond de nos cœus notre sang s'est glacé.
Des coursiers attentifs le crin s'est herissé.
Cepedant, sur le dos de la plaine liquide,
s'eleve à gros bouillons une montagne humide.
L'onde approche, se brise, et vomit à nos yeux,
parmi des flots d'ecume, un monstre furieux.
Son front large est armé de cornes menaçantes,
tout son corps est couvert d'ecailles jaunissantes.
Indomtable taureau, dragon impetueux,
sa croupe se recourbe en replis tortueux,
ses longs gemissemens font trembler le rivage.
Le Ciel avec horreur voit ce monstre sauvage.
La terre s'en emeut, l'air en est infecté,
Le flot, qui l'aporta, recule epouvanté.

Tout

Tout fuit; et sans s'armer d'un courage inutile,
dans le temple voisin, chacun cherche un asile.
Hipolite lui seul, digne fils d'un Heros,
arrête ses coursiers, saisit ses javelots,
pousse au monstre, et d'un dard lancé d'une main
   sure,
il lui fait dans le flanc une large blessure.
De rage et de douleur le monstre bondissant
vient aux pieds des chevaux tomber en mugissant,
se roule, et leur presente une gueule en flammée,
qui les couvre de feu, de sang, et de fumée.
La frayeur les emporte, et sourds à cette fois,
ils ne connoissent plus ni le frein, ni la voix.
En efforts impuissans leur maître se consume:
ils rougissent le mords d'une sanglante ecume.
On dit qu'on a vu meme en ce desordre affreux
un Dieu, qui d'aiguillons pressoit leurs flancs pou-
   dreux.
A travers les rochers la peur les precipite.
L'essieu crie, et se rompt. L'intrepide Hippolite
voit voler en eclats tout son char fracassé.
Dans les rênes lui meme il tombe embarrassé.
Excusez ma douleur. Cette image cruelle
sera pour moi de pleurs une source eternelle;
J'ai vu, Seigneur, j'ai vu votre malheureux fils
traîné par les chevaux que sa main a nourris.
Il veut les rapeller, et sa voix les effraie.
Ils courent. Tout son Corps n'est bien tot qu'une
   plaie
De nos cris douloureux la plaine retentit.
Leur fougue impetueuse enfin se ralentit.
Ils s'arrêtent non loin de ces tombeaux antiques,
où des rois ses ayeux sont les froides reliques.
J'y cours en soupirant, et sa garde me suit.
De son genereux sang la trace nous conduit.
Les rochers en sont teints. Les ronces degoutantes

por-

portent da ses cheveux les depouilles sanglantes.
J'arrive, je l' apelle, et me tendant la main
il ouvre un œil mourant, qu' il referme soudain.
»Le Ciel, dit il, m' arrache une innocente vie.
»Prens soin aprés ma mort de la triste Aricie.
»Cher ami, si mon Pere un jour desabusé,
»plaint le malheur d' un fils faussement accusé
»pour apaiser mon sang, et mon ombre plaintive,
»dis lui qu' avec deuceur il traite sa captive,
»qu' il lui rende ... à ces mots ce Heros expiré
n' a laissé dans mes bras qu' un corps defiguré,
triste objet où des Dieux triomphe la colore,
et que mê connoîtroit l'œil même de son Pere.

Todo lo qual, traducido en prosa casi literal, significa lo siguiente, y notese si son, ó no, del gusto de las relaciones criticadas en Calderon las expresiones que ván en caracter diferente.

EL iba en su carro. Sus guardias afligidas imitaban su silencio, al rededor de él formadas. El seguia todo pensativo el camino de Micenas. Sus manos dexaban fluctuar las riendas sobre sus caballos. Estos sobervios bridones, que se veían en otros tiempos llenos de un ardor tan noble á obedecer su voz, aora con el ojo triste, y la cabeza baja, *parecian conformarse con su triste pensamiento.* Un espantoso grito, salido del fondo de las ondas de los aires, en este momento ha turbado el reposo, y del seno de la tierra una voz formidable responde gimiendo á este grito horrendo, hasta en el fondo de nuestros corazones nuestra sangre se ha elado. *De los brutos atentos la crin se erizó. Mientras tanto, sobre la espalda de la llanura liquida, se levantó con gruesos borbotones una montaña humeda.* La onda llega, se rompe, y bomita á nuestros ojos, entre olas de espuma, un monstruo furioso. *Su frente ancha es-*
tá

tá armada de cuernos amenazadores. Todo su cuerpo
está cubierto de escamas que amarillean. *Indomable
toro, dragon impetuoso.* Su grupa se encorba con re-
pliegues retorcidos. Sus largos bramidos hacen tem-
blar la orilla. El Cielo con horror mira á este monstruo salvage. La tierra se conmueve, el aire se infesta.
La onda que le traxo espantada retrocede. Todo huye;
y sin armarse de un inutil valor, al templo vecino,
cada uno busca un asilo. Hipolito, el solo digno hijo
de un heroe, detiene sus caballos, agarra sus dardos,
vá ácia el monstruo, y con un dardo arrojado por una
mano segura, le hace en el flanco una ancha herida.
De rabia, y de dolor el monstruo dando botes, viene á caer bramando á los pies de los caballos, se re-
vuelca, y les presenta una boca inflamada que los cubre
de fuego, sangre, y humo. El miedo los arrebata, y
sordos esta vez, ya no conocen ni el freno, ni la voz.
En esfuerzos impotentes su dueño se consume. Co-
lorean el bocado con una espuma sangrienta. Aun
dicen que se vió en este fatal desorden un Dios, que
con aijón les heria el flanco lleno de polvo; por entre las peñas el miedo les precipita. El exe se siente,
y se rompe. El intrepido Hipolito vé volar en astillas
todo su carro destrozado. En las riendas él mismo cae
enredado. Escusad mi dolor. Esta cruel imagen será para mí de lágrimas un manantial eterno. Yo he visto, señor, á vuestro infeliz hijo arrastrado por los cabellos
que su mano ha alimentado, quiere llamarlos, y su
voz los espanta. Corren. En breve es una llaga todo
su cuerpo. De nuestros dolorosos gritos resuena la
llanura. Su ardor impetuoso al fin se calma. Se paran
cerca de esos monumentos antiguos, donde de los Reyes sus abuelos están frias las reliquias. Corro suspi-
rando, y su guardia me sigue. La huella de su generosa sangre nos conduce. Las rocas están teñidas de ella.
Las breñas asquerosas llevan los sangrientos despo-

jos

jos de sus cabellos. Yo llego, le llamo, y téndiendo me la mano, él abre un ojo moribunbo que cierra lue-go. El Cielo, dixo, me arranca una inocente vida. Cui-da, despues de mi muerte, de la triste Aricia. Amigo querido, si mi padre algun dia desengañado, compa-dece la desgracia de un hijo falsamente acusado, pa-ra apaciguar mi sangre, y mi sombra quexosa, dile qué con suavidad trate á su cautiva, que la buelva... en estas voces el héroe muerto, no ha dexado en mis brazos mas que un cuerpo desfigurado, triste ob-jeto donde la colera de los Dioses triunfa, y que el ojo mismo de su padre no conociera.

Aora ved esto mismo puesto en verso de romancillo, y figuraos, que en vez de pronunciarse esta relacion por un actor de bella presencia, propriamente vesti-do, y comedido en sus gestos teatrales, en vez, di-go, de todo esto, figuraos que sale Nicolás de la Ca-lle con un vestido bordado por todas las costuras, y su sombrero puntiagudo: que toma la punta del tabla-do, que cuelga el baston del quarto boton de la casaca: que se calza magestuosamente el un guante, y lue-go el otro guante : que se estira la chorrera de la mui blanca, y mui almidonada camisola; y que (habien-do callado todo el patio, convocada la atencion de la tertulia, suspenso el ruido de la cazuela, asestados al teatro los anteojos de la luneta, saliendo de sus pues-tos los cobradores, y arrimados á los bastidores todos los compañeros) empieza á hablar, manotear, y so-bre todo cabecear, á manera de azogado, por quien dixo un satirico viviente:

Ni que tampoco evite el cabecéo
uno que accione mal, y mal recite;
porque á él le tiene absorta el palmotéo
de los que sin saber, lo vitorean,
haciendo retumbar el Coliséo.

Iba

Iba Hipolito en su carro,
rodeado de sus guardias,
que con silencio, y tristeza,
la de su dueño imitaban.
El camino de Micenas
seguia triste, y con ansias,
y al cuello de sus caballos
libres las riendas dexaba.
Los brutos que en otro tiempo
con bizarria gallarda
á su dueño obedecian,
ya con las cabezas baxas,
y los ojos apagados,
seguian tristes la marcha.
En esto, un grito espantoso
salió del medio del agua,
y del centro de la tierra
otra voz tambien aziaga,
respondiendo á la primera,
turbó lo quieto del Aura.
De nuestros pechos la sangre
en las venas quedó elada,
herizandose las crines
del caballo al escucharlas.
En esto, con grandes bultos,
se levantó un monte de agua
de la líquida llanura
sobre la humeda espalda.
La onda llega, y se rompe,
y ya en la orilla espantada
á nuestros ojos arroja,
entre espuñosas montañas,
un fiero monstruo. La frente
armada de largas hastas,
y el cuerpo entero, cubierto
de mil pagizas escamas,

ya de Dragón, ya de Toro
el horror representaba.
En dobleces duplicados
la larga cola enroscaba,
respondia á sus gemidos
con tristes ecos la playa.
Lo vé el Cielo con horror,
se infesta el aire, se pasma,
y tiembla al punto la tierra,
retroceden espantadas
las olas que lo traxeron
Todos huyen á las aras
del Templo vecino, y nadie
su inutil brazo prepara.
Solo Hipolito se atreve,
Hipolito que se jacta
de su heroica sangre, al punto
toma con fuerza sus armas,
deteniendo sus caballos,
y ácia el monstruo horrendo marcha.
Con denuedo, y brazo firme
un dardo mortal dispara,
que le abre el duro costado.
El monstruo con pena, y rabia
á los pies de los caballos
bramando, su vida acaba.
Al revolcarse les muestra
la boca que arroja llamas;
y los cubre de humo, y polvo,
y de sangre que derrama.
El susto les precipita,
y esta vez sordos se abanzan
sin que el freno, ni la voz
del dueño pare su saña,
cubierto de sangre el freno;
y aun se dice (¡cosa extraña!) de

que alguna Deidad fue vista,
en aquel lance, tirana
batirles, mas los bijares,
que en polvo embueltos estaban.
Se despeñan por las rocas,
y para mayor desgracia;
hundese el exe, y se rompe,
y vé el heroe con constancia
roto el carro, y cae él mismo
entre las riendas mezcladas.
Permitid, Señor, mi llanto,
esta imagen desgraciada
será de un llanto continuo
ocasion para mis ansias.
Yo ví, Señor, á tu hijo
que los brutos le arrastraban,
los brutos, que por sus manos
alimentados estaban.
Quiere llamarlos, y mas
su misma voz los espanta,
Mas y mas corren: su cuerpo
en breve cubre una llaga.
Gritamos: responde el eco,
al fin sus ímpetus paran
cerca de esos monumentos,
donde las cenizas sacras
de los Reyes sus abuelos,
con veneracion se guardan.
Al puesto corro, y conmigo
con zelo acuden sus guardias
por la sangre que entre peñas
funestas señas dexaba,
las trenzas de sus cabellos
las breñas rotos presentaban.
Llego, de llanto, me mira
con vista mortal y flaca, y

y me dice: el Cielo, amigo,
hoi inocente me mata.
Muerto yo, cuida de Aricia.
Si acaso se desengaña
mi padre algun dia, y siente
esta suerte desdichada
de un hijo que no merece
las calumnias temerarias;
si acaso aplacar quisiere
mi sombra triste, y cuitada,
dile que lástima tenga
de las penas de su esclava,
y que la buelva... al decir
estas ultimas palabras,
en mis brazos quedó yerto.
Triste objeto en que triunfaba
la cólera de los Dioses,
y cuya sangrienta cara
no conociera su padre,
despues de tantas desgracias.

Buelva el curioso lector á figurarse la pasada composicion de lugar, y verá que no se distingue esto de una relacion del Negro mas prodigioso, ú otra semejante. Poquito tendria que lucir un Cómico nuestro sus gestos, manoréos, despatarradas, y posturas, con lo de la cola, lo del humo, lo del carro, lo de las aguas, lo del Templo, lo de los monumentos, lo de las crines, lo de los caballos, lo de las llamas, lo de las voces, &c. &c. Buelvo á decir que no le falta mas que el final, durante cuyos quatro versos (este *durante cuyos* es cosa nueva) estaria el auditorio preparandose para el terremoto universal de palmadas, y llegado que fuese, se hundiria la casa, y el Cómico acabaria de matarse, haciendo cortesías á derecha, y á izquierda, arriba, y abajo, con el cuerpo, y con la mano, con el sombrero, y con el bastón, y apro-
Y   ve-

véchandose de este rio rebuelto, diria con voz baja al
compañero mas cercano : cansado estoi te aseguro : y
el otro le diria : ¡pero qué importa , si lo has hecho de
pasmo!

ARTICULO DE OTRA COSA.

Quando dixe, que de los nuestros Epicos no ci-
taseis mas que á Ercilla! y aun de éste, solo
aquello que cita cierto amigo, no hablé de memorias
pero hai ciertos sugetos que no le tienen por infalible,
y dicen que aunque el dicho perdone, hai por acá
un Valbuena, y otros tan buenos como era Ercilla,
y que en este hai ciertas cosas asaz mejores que en
el Discurso de Colocolo, á saber, el desafío entre el
Lombardo y el Americano, y el episodio de la ba-
talla de Lepánto, y otros trozos. Vedlo, y saldreis
de la duda.

Quando hablando de los Poetas Ingleses dixe con
un célebre Frances mil pestes del Epico Miltón, pude, y debi haber traído mui extensos los parrafos, que
tanto le chocaron, para persuadir á mis lectores que el
tal Miltón era un loco; pero un amigo que tengo, em-
peñado en sostener que hai pedazos en su Poema iguales en el estilo, y superiores en el asunto á todas las
epopeyas, me puso una pistola al pecho para que in-
sertáse en este suplemento unos pedazos del tal Virgilio Britano, y yo, por no morir tan temprano, le
obedeci con toda repugnancia. Son los siguientes, y
de ellos infiere mi amigo que el tal Crítico no tubo razon en llamar feroz á la Musa que inspiró estos, y
otros semejantes fragmentos.

En la traduccion tendriais, ¡ ó mis amadísimos discipulos ! mil y quinientas cosas que suplir, si entendie-
seis el original; pero me consuelo con que vosotros no
habeis dado en aprender aquella lengua á *la Violeta*:

que

qué si así fuera ; ¿quién os había de aguantar?

Ved el principio del poema, y algunos cortos extractos, suficientes para conocer el carácter del poema, y de la poesía, y no tengais la flema de ir comparando todas estas hermosuras, y las demás que se hallan en esta epopeya con las de Homero, y Virgilio, en punto de invencion, y fantasía poetica, ni tampoco os tomeis el trabajo del ver los parages que saca de los libros sagrados, la imitacion del estilo hebraico, la relacion que hace, aunque con desprecio de la fabula, para realzar mas lo verdaderamente respetable de la tradicion, &c. nada menos que eso. Nada de esto es menester para hablar despóticamente de un autor, por respetable que sea : basta haber leido por encima algo de su traduccion buena, ó mala; y la crítica que hace de este poema épico, y de todos los otros que llegaron á su noticia, el autor de la Henricada, (*) admirando de paso la solidéz, y novedad con que dice que el poema de Camoens es tan vago como el viage que hizo el autor, y que el de Ercilla es tan barbaro como el pais en que pasó la accion. Con lo que teneis el gasto hecho para criticar todos los poemas del mundo, porque ¿quién os quitará que con igual justicia digais que la Iliada es tan monstruosa como el exército que sitió á Troya, la Eneida tan pueril como los dichos del niño Ascanio; la Jerusalén del Tasso tan supersticiosa como los encantos de Armida, & sic de coeteris, ni mas, ni menos? ¿ y quién podrá contenerse de exclamar : estos son hombres universales en lenguas, en crítica, y en todas las Cien-

_____

(*) NOTA: Decimos Henrique en castellano: Ergo dirémos Henricada! Esta gravé observacion es de un sobrino mio. Si conocierais á mis sobrinos! ay qué sobrinos! sobrinos de su tio.

Ciencias humanas? no seré yo; antes bien juntaré mi
voz á todas, con tanto mas anhelo, quanto redunda
en mi aplauso, pues sois mis mui amados, dignos,
y pasmados discipulos.

El Dramático Inglés Shakespear, sobre todos los
demás defectos que le debeis notar, vosotros los críti-
cos á la Violeta, tiene otro capáz por sí solo de hacer su nombre aborrecible, desde Barcelona á la Co-
ruña, y desde Bilbao á Cadiz (bravo!) y es que fue
contemporaneo de nuestro pobrete Lope de la Vega:
se correspondieron literalmente, y imitaron en los
desquadernos de la imaginacion, y tambien en esas
que llaman hermosuras de invencion, enlace, lenguage, y amenidad, los que no están impuestos en lo que
es verdadero merito scénico. No hubo entre los dos
mas diferencia, sino en que el señor Lope de la Vega
seria un hombre de olla podrida, estofado, migas, vino de Valdepeñas, y Rosario, y que el señor Shakespear sería un hombre, que gastaria su *Roastbeef, plumb-
puding, good ale, & punch.* ¡Qué poco os esperabais
esto á estas horas! pero tened paciencia que tambien
me suceden cosas que yo no esperaba… por exemplo, el haber agradado al Público con un papelito de
pocas hojas, menor trabajo, y ningun merito.

FRAGMENTOS
DEL POEMA EPICO,
INTITULADO:

EL PARAISO PERDIDO,
TRADUCIDOS.

PRINCIPIO DEL POEMA.

OF man's first disobedience, and the fruit
of that forbident tree, whose montal taste
brought Death into the world, and all our Woe,
with lofs of Eden, till one greater man
restore us, and regain the blifsfull seat
sing heav'nly muse, that on the secret top
of Oreb, or Sinai, didist inspire
tha sheperd who first taugh the chosen seed,
in te beginning te heav'ns end earth,
rose out of Chaos. Or if Sion hill
delight thee; more, and Stloa's brook thad flowà
fast by the oracle of God. I thence
invoke thy aid to my advent' rous song:
that with no middle fliht intends to soar
Above th Aonian mount, while it pursues
things unattempted yet in prose, or rhyme
And chiefly thou, O spirit! that dost prefer
before all temples th' upright heart and pure
instruct me, for thou know'st, thou from the
first.

wast

vast present and with mighty wins out spread
Dov-like sats't brooding on the vast abyss
and mad'st it pregnant: what in me is dark
illumine! what is low raise an support
that tothe beinht of this great argument
I may assert eternal providence,
and justifie the ways of God to men:
Say first (for heav'n hides nothing from thy view
nor the deep tract of hell.) say firs what cause
mov'd our grand Parens, in that happy state
favour'd of heav'n so highly, to fall off
from their Creator, and transgress His will
for one restraint, lords of theworld besides?
Who first seduc'd them to that foul revolt?
Th' infernal serpent! he it whose guile
stirr'd up with envy and revenge deceiv'd
the mother of mankind what time his pride
had cast him out from heav' with all his host
of rebel Angels: by whose aid aspiring
to set himself in glory above his Peers,
he trusted to nave equall'd the Most high,
if He oppos'd: and with ambitious aim,
against the throne, and Monarchy of God,
rais dimpious was in heav'n, and battel proud,
With vain atempt. Him te Almighty Pow'r.
Hurl'd headlong flaming from th' ethereal sky
With hideous ruin and combustion, down
to bottomless perdition, there to dwell
in adamantine chains and penal fire,
Who durt defy th', Omnipotent to arms.

De la culpa del hombre inobediente,
y el fruto de aquel arbol prohibido,
cuyo gusto mortal, al mundo trajo
la muerte, y todo el mal, y el Paraiso
para el hombre cerró, hasta que otro hombre

O   ma-

mayor nos rescató, y el felíz sitio
segunda vez abrió para nosotros,
canta, celeste musa, cuyo brio
de Synai, ó Oreb, en la cima alta
inspiraba al Pastor, que al escogido
pueblo enseñó, como la Tierra, y Cielo,
salió del cahos, ó si el monte altivo
Sion, ó si el arroyo de Syloa,
inmediato al Oráculo divino
mas te agradare, tu favor imploro,
levantando mi voz con tanto auxilio
sobre el Aonio monte, mientras canto
asunto á que ninguno se ha atrevido
en verso, ó prosa. Espiritu supremo,
á quien un corazon derecho, y pio
es mas grato que el templo mas suntuoso;
tú que lo sabes, pues, en el principio
estubiste presente con tus alas
estendidas, cubriendo el vasto abismo,
haciendolo fecundo; qual paloma
que dá vida, y alientos á sus hijos.
Ilumina lo que halles obscuro,
ensalza lo que en mí fuese abatido;
porque en la cumbre de este asunto excelso
demuestre del Eterno la qual admiro
providencia, y los hombres de mí escuchen
las obras de su Dios, y sus caminos.
Dí primero, pues nada se te oculta
del alto Cielo, ni del negro abismo:
¿Qué causa á nuestros padres forzar pudo
á apartarse de Dios, y qué motivo
tubieron en romper su lei sagrada,
siendo dueños del mundo; y por qué quiso
su ingratitud romper soló un precepto?
¿De quién fueron primero persuadidos
á rebelarse? La infernal serpiente

á Eva engañó. Duro enemigo
con envidia y venganza lleno el pecho,
habiendo sido castigado él mismo
de la mano del Todo-poderoso,
que le precipitó desde el Empíreo
con la hueste de espíritus rebeldes,
con cuyas fuerzas él formó el designio
de superar en gloria á sus iguales,
y aun de igualarse en potestad, y brio
con el Dueño, y Señor de las alturas,
si se oponia ; y con esfuerzo altivo
contra el Trono de Dios, y su Reinado
el pendón ambicioso alzaba impío
con vana audacia ; y el Omnipotente
le arrojó de cabeza al negro abismo,
cuyo fondo no se halla desde el Cielo,
á vivir en cadenas, vil cautivo,
en fuego inaguantable, porque osado
las armas provocó del Dios invicto.

Despues el Verbo Divino dá gracias á su Padre,
por haber prometido su misericordia á los hombres,
y ofrece venir á rescatar al Género humano.

Thus while God spake, ambrosial fragance fill'd
all heav'n, and in the blessed spirits elect
sense of new joy ineffable diffus'd.
Beyond compare the Son of God was seen
most glorious ; in Him all his Father shone
substantially express'd ; and in His Face
divine compasion visibly appear'd,
love vithout end ; and vithout measure grace,
Which uttering, thus He to His Father spake,
O Father! gracious was that word which clos'd
thy sovreig'n sentence, that man should find grace;
for which both heav'n and earth sall high extoll

thy

thy praises; with th'innumerable sound
of hymns, an sacred songs wherewith thy throne
encompass'd shall resound thee ever blest.
For should man finally be lost, should man
thy creature late so louvd'd thy youngest sen
fall circumvented thus bi froud, tho' joind
With his own folly? that he from thee far,
that far be from thee, Father, who art jugde
of all things made, and judgest only right,
Or shall the adversary thus obtain
his end, and frustrate thine?

Y en castellano:

Hablando asi el Eterno, el Cielo todo
se llenó de fragancia de ambrosía,
en los Angeles puros elegidos,
de un inefable gozo, la delicia
se esparció nuevamente con dulzuras
y el Hijo apareció, con nunca vista
gloria, brillando en él su Padre todo
con su virtud, y con su gloria misma,
en su rostro el amor se vió divino,
amor sin fin, y gracia sin medida,
y con su padre habló de esta manera:
¡O Padre, tu sentencia fue benigna!
El hombre hallará gracia, el Cielo, y Tierra;
por esto cantarán con voz unida
tus loores con sonido innumerable.
Con hymnos, y canciones infinitas
tu trono sonará en tus alabanzas.
El hombre, criatura tan querida
de tí, al hacerla, acabará en tu furia,
rodeado del diablo, y su malicia,
y su propria flaqueza. El menor hijo
habias de perder? Con mano pia

apar-

aparta eso de tí. De todo el mundo,
ó Juez, y solo Juez, nunca permitas,
que frustrando el contrario tus idéas,
consiguiendo la suya, ufano viva.

Y dice el Poeta:

To whom the great creator thus reply'd:
Son, in whom, my soul hath chief delight
Son of mi bosom, son who art alone
my word, my wisdom, and effectual might
All hast thou spoken as My thoughts are,
As my eternal purpose hath decreed.

Que significa:

A quien el Hacedor sumo responde,
ó hijo, en quien reside mi delicia,
hijo de este mi seno, hijo, que solo
eres mi voz, poder, sabiduría,
quanto dixiste es como lo intento.
En mi ánimo eterno disponia
lo mismo que has hablado.

Despues el Eterno Padre declara que el hombre
será rescatado, y el Hijo se ofrece para expiacion de
la culpa; y dice el Poeta:

His words here ended, but his meek aspect
silent yet spake, and breath'd immortal love
to mortal men; above which only shot
filial obedience: as a sacrifice
glad tobe offer'd, he attends the will
of his great Father. Admiration seiz'd
all heav'n, what this might mean & wither tend
wonring: but soon th' Almighty thus reply'd.

Q

O Thou in heav'n and earth the only peace
found out for mankind under wrath. O Thou
my soul complacence! Well thou knowst how dear
to me are all my Works, nor man the least
though last created; that for him I spare
thee from my bosom, &

Calló con esto; y su suave aspecto
aun hablaba despues, manifestando
al mísero mortal, cariño inmenso,
brillando sobre todo el rostro grato
con filial obediencia, sacrificio
ansioso yá de ser luego inmolado,
aguardando del Padre los preceptos:
llenóse el Cielo de divino pasmo,
ansioso de saber qué fin tendria.
Y el Padre dixo: ¡O tú mi Verbo amado!
sola paz en los Cielos, y la tierra,
para el bien de los hombres! Dulce amparo
del hombre que á mis iras yace expuesto,
¡ó tú, en cuya esencia me complazco!
bien sabes quánto quiero yo mis obras,
y que el hombre, á quien último he formado,
no es la menos querida. Por ganarle,
un instante te pierdo. De mi mano,
y mi seno, permito que te ausentes.

Pero todo esto vá mui sério para vosotros en el
modo, y en la substancia; y asi volviendo á nuestro
método, nunca bastantemente alabado, buscad el tal
Milton, leed su vida, y despues de haberosla enco-
mendado á la memoria, como mejor podais, diréis,
sobre poco más ó menos, esta retaíla.

Nació el año 1608 en Londres, de una familia
originaria del lugar de su mismo apellido. Su padre

O

se apartó de la Iglesia Católica; siendo niño recibió
una educacion mui generosa, en su misma casa de
mano de un ayo, cuyas alabanzas cantó su discípulo (*como vosotros me cantaréis, sin duda, á mí*) en una
elegia. Padeció dolores de cabeza de resultas de muchas noches de estudio, que por fin le acabaron la
vista. El pobre tubo muchas desgracias, durante las
guerras civiles que en aquel tiempo desvastaban su
patria; volviendo á ella de sus viages por Francia, é
Italia, travó conocimiento con los sábios de aquellas
naciones. Fue casado tres veces, tubo varios hijos.
Compuso su Poema Épico con tan poco concepto entre sus paisanos, que solo pudo sacar del Impresor á
quien entregó el manuscrito, noventa pesos, y con
condicion de que no se le daria el dinero, hasta que
la obra tubiese el despacho de tres impresiones nume-
rosas. Despues se enriquecieron muchos con la venta
de las repetidas ediciones. Nombrad, como la mejor
entre todas, la hecha por el Señor Baskerville, en
un lugar que se escribe Birmingham, y se pronuncia.........oh! oh! se pronuncia, como se pronuncia.

Añadid que el segundo Poema que compuso el
mismo ingenio, no vale para descalzar al primero, y
de paso exclamad contra el entendimiento humano,
que dá no para mas.

Recitad, cómo sobresalientes en este Poema los
pasages que querrais escoger en el Indice de la obra,
y citadlos por libros, ú cantos, páginas, ú número
de versos, segun la edicion que podais pescar; y si
ni aun ese trabajo os querais dár, decid que el famoso Addisón ya lo hizo, (en profecía de que habia de haber con la succesion de los tiempos, una
secta de sábios llamados á la Violeta,) y que los se-
ñaló en sus números 267, 273, 279, 285, 297, 303,
309, 315, 327, 333, 339, 345, 351, 357, 363, 369,

Y

y luciréis como el Sol en mitad de la Lybia: todo
lo qual me debeis, y os echaré en cara, siempre que
me seais ingratos.

✖✖✖✖✖✖✖✖✖✖✖✖✖✖✖✖✖✖✖✖✖✖✖✖✖

CARTAS

DE VARIOS DE MIS DISCIPULOS.

PRIMERA.

DE UN MATEMÁTICO
á la Violeta.

MUI Señor mio, y mi venerado Maestro: Vmd.
es el demonio, ó habla con él á menudo, porque parecen mas que humanos los medios que Vmd.
dá para sacar pasmosos Matemáticos, sin estudiar; y
no como otros que se aplican muchos años á cada ra-
mo de esta pesadísima Facultad, y se quedan mirando
los unos á los otros, sin atreverse á decir siquiera para su consuelo, que han adelantado un paso.

Yo tomé el Martes los cordones de Cadete: el
Miercoles compré un Compendio de Matematicas, el
qual, segun mi Librero, es el mas breve abreviado de
todas las abreviaturas, que puedan hacer honor al
abreviador mas compendioso: el Jueves leí la quarta
parte salteada de la obra: el Viernes conocí en mi
fuero interno que yá sabia Geometría, Especulativa y
Práctica, Trigonometría, Secciones cónicas, Esphé-
ricos de Teodosio, Maquinarias, Arquitectura, Náutica, Astronomía, Algebra, hasta donde puede llegar ésta, que Vmd. con tanta justicia llama algaravía

vía de Luzbél, cón aquello de lugares geométricos:
y cálculo diferencial, integral, potencial, y radical,
el Sabado escogí quatro, ó cinco parages en que lucir mi profundisima erudicion, escogiendo la fortificacion, como cosa mas propria de mi casaca, y sin
duda, no hubiera oído Misa el Domingo sin la fama
de universal Matematico, si un accidentillo imprevis-
to no hubiera interrumpido lo rapido de mi carrera,
quando ya iba llegando al termino.

Es el caso, que estando en un parage bastante público, echando por esta boca torrentes de ciencia de
Arquitectura militar, diciendo entre otras cosas, que
el sitio de Gibraltar, hasta aora se habia malogrado
por impericia de los Sitiadores; pero que me parecia
facil, construyendo frente por frente un fortín, que
dominase á la plaza, con una obra coronada, que tubiese un Caballero sobre el baluarte entero, cuidando
que este ultimo, y los dos medios baluartes fuesen una
especie de torres bastionadas del tercer metodo de Vauban, guarnecidos con morteros, puestos en 80 grados
de elevacion, y 500 cañones de quarenta y ocho á barbeta, proporcionando una bateria de saltaren, de modo que... En esto un Oficial de bastante edad, y gra-
duacion en uno de los cuerpos facultativos, que me habia estado oyendo, con mucha humildad mi retaila, me
dixo, dandome una palmadita en el hombro: Niño, sabe vmd. qué cosa son esos cañones á barbeta? entiende
lo que es una bateria de saltaren? quántos métodos de
fortificacion son los de Vauban? en qué se distinguen?
qué cosa es un mortero puesto en esa elevacion que dice? á donde iria la bomba en ese caso? cómo se habia
de poner para que fuese en la direccion debida, supues-
ta tal, ó tal distancia, y las demás circunstancias necesarias? Cada pregunta de estas, á que yo respondia
con un sí... pero... quando... como... de modo
que... las gentes se reian, yo me ponia colorado, el

Oficial se compadecia, y acabó diciendo: Vaya vmd.
Caballerito, estudie mas, hable menos, y tal vez será algun dia un buen Oficial de los adocenados.
　Yá vé vmd. Señor Catedratico, que este es un
chasco del calibre de los cañones, que yo queria
poner á barbeta. Me hizo fuerza por entonces, y determiné aplicarme de veras á la parte de las Matemáticas, que necesita un Oficial, si aspira á ser algo
mas util que un Soldado raso, pues conocí que las
mas sublimes, y las que han hecho el embeleso de
Newton, y los que han adelantado sobre sus descubrimientos, pedian mas descanso, comodidad, y tiempo, que lo que da de sí esta carrera. Me valí para
esto de un amigo, que me dirigió en la compra de
los libros necesarios para mi fin: no me desanimó
quando me dixo que se necesitaban, á lo menos, quatro años, continua aplicacion; talento despejado, y
buenos Maestros. Yá tenia dispuesto mi viage para
una de las Academias, establecidas con este objeto,
ya formaba el animo de continuar mi estudio por las
partes mas sublimes, y casi divinas de esta ciencia,
despues de concluidos los años del Curso Academico:
ya por fin conocia que apenas, de cien hombres, hai
uno que tenga el genio matemático, quando me encontró otro discipulo de vmd. el qual conociendo mi
confusion en el semblante, y estilo, dixo con impetu:
¡Pobrete! que crees que sea menester algo de eso para ser continuo censor, y aprobador de Euclides, Ar-
chimedes, Kirker, Newton, Leibnitz, Sauddero, Ozanam, Wolfio, y los restantes? Anda, que eres un tón-
to, buelve á tu antiguo humor, y perezca en el suyo el que te quiera entristecer: ¿qué sacarás de tán-
to estudiar? malas noches, dias tristes, jaquecas, au-
sencias de la sociedad, privacion de placeres, y ridi-
culeces de estudiosos. Si te entregáras á esas especu-
laciones, abstractos raciocinios, silogismos encade-

na-

nados, largas demostraciones, y continuas tareas, no
tendrias tiempo de perfeccionarte en el baile, en que
nas hecho tan envidiables progresos en tan pocos meses; no estrañarias el juego de hevillas, que acaban
de regalarte; no te dejarias arreglar el pelo por ese
divino peluquero, que acaba de llegar; no podrias
pasearte en aquel primoroso coche; no asistirias á
aquel gracioso tocador: no, no, no, no valdrias nada.
Te silvariamos tus buenos compañeros; te abandona-
riamos tus buenos amigos; y se malograba en ti una
edad deliciosa, una persona agradable, una voz ala-
gueña, un genio gracioso, y tantas prendas como
naturaleza te dió con prodiga mano. Ensanchate el
corazon, y buelve á nuestro método á la Violeta.
Y vamos al prado.

Me hizo tanta fuerza, que obedecí: me burlé del
viejo, que me reprehendió; me irrité contra los concurrentes que me criticaron; abracé á mi nuevo, y
digno Director, y di á vmd. mil alabanzas, como
á mi mui venerado Catedratico á la Violeta.

A Dios, Señor, y tengo el honor de, &c.

❋❋❋❋❋❋❋❋❋❋❋❋❋❋❋❋❋

DE UN FILOSOFO A LA VIOLETA
á su Catedratico.

II.

MUI Señor mio, y mi Maestro: Mi edad es de
diez y nueve años, ocho meses, tres sema-
nas, y dos dias y medio, sobre minuto de diferencia; tengo buena vista, buena voz, dinero á mano, libros en mi estante, buena memoria, boluvilidad de
lengua, ademanes misteriosos, genio un poco estra-

travagante por naturaleza : y otro poco por arte ; dis-
tracciones naturales las unas, y artificiales las otras;
mucha gana de ser tenido por hombre sabio, poca
gana de estudiar, tertulia en que lucir, padres ancia-
nos á quien embobar, criados que me adulen, con-
tos que me escuchen, y un concepto de mí qual
pocos; de mas á mas he leído su papel de vmd. y con
singular aplicacion la leccion de la Filosofía antigua,
y moderna, con que vea vmd. si seré verdadero Filosofo á la Violeta. Pero esta narracion por sí sola no
tendria merito alguno, si no fuese prologo de mis glo-
rias literarias. Mediante su saludabilísimo consejo de
vmd. hallé la obra de Mr. de Saverien, que vmd. cita
en su pag. tantas, y de todo lo que le costó al autor la recopilacion de todas las sectas filosoficas, antiguas, y modernas, he sabido aprovecharme en el
minuto que quise; asi como, (vaya una comparacion
á la Violeta,) asi como una Dama primorosa, ó lo
que es aun mas primoroso, un petimetre, en un instante, y en una sola sentada, come en pocos boca-
dos, el pescado de la costa de Cantabría, el aceite de
Andalucia, la canela de Asia, el azucar de Jamaíca
el café de Moca, el vino del Rhin, la manteca de
Flandes, el queso de Inglaterra, el jamon de Galicia;
en fin, el producto de las quatro partes del mundo,
aderezado con los quatro elementos de la naturaleza,
¡Quánto hubiera V.md. dado por haber estado oyendo
por un rinconcito la otra noche á este su discipulo,
á esta su hechura literaria, lucir en un gran circo de
gentes, con motivo de haber saltado un espejo de
chimenéa, por la imprudencia de uno que le arrimó
una bugía demasiado cerca! quántas cosas dixe del
fuego! 1. Burlé la antigua opinion de que la luna fuese el centro de la llama: 2. dixe que el fuego no que-
ma porque tenga virtud, como dicen los que asi lo
dicen, combustiva; sino porque tiene unas particuli-

llas

llas tan sumamente penetrantes, y volátiles, que se in-
troducen, &c. &c. &c. .... De allí salté como el espejo al azogue que forraba al cristal; tambien dixe
cosas mui buenas, y callé otras tantas mejores, por
ciertas razones que yo sé, y no quiero decir. Despues
tomé oportuna ocasion para hablar del calor, frio,
humedad, y sequedad, y salió el thermometro, baro-
metro, aerometro. Caí por incidencia en lo del aire,
y no perdí un momento en nombrar, y casi, casi
explicar la máquina pneumática, y en tan buen camino no paré hasta tropezar con el *horror vacui* de
nuestros benditos Stagiristas; ya iba á traer toda la
naturaleza á mi inspeccion, quando se me bolcó el
carro; pues habiendo pasado de lo fisico á lo meta-
fisico, y de esto á lo moral, y hablando mui aprisa,
hubé de decir algunas cosas estrañas, porque ví que
unos de los concurrentes se santiguaban, otros me mi-
raban, otros se guiñaban, otros alzaban los ojos, otros
se tapaban los oidos, otros se sonreían, otros se reían
á carcajada tendida; y por mas que procuré atraer la
atencion del auditorio con nombres de filosofos, máximas filosoficas, y retazos de filosofia, no hubo remedio: tube que dexarlo, y aprovechandose de este intervalo un hombre bastante regular, me dixo: Tengo sesenta años, los quarenta de estudios mayores, á
fé mui sérios, y metódicos; he leído con reflexion alguno de esos Autores que V.md. cita tan rápidamente;
los he leído en su original; y protexto, sin afectar modestia, que conociendo lo poco que se puede saber,
los muchos yerros en que se puede caer, los delirios
que se pueden adoptar, y lo limitado que es nuestro
entendimiento, me contengo en las conversaciones.
Quando v.md. tubiera bastante discernimiento para
conocer los Filosofos que escribieron por raciocinio,
y los que escribieron por capricho; los que hablaron
solo para su proprio uso, y los que intentaron dexar
pre-

preceptos á los siglos; los que han sido traducidos
fielmente, y los que nos han sido transmitidos con
fidelidad; los que se deben entender en el sentido di-
recto, y los que escribieron alegóricamente; los que
nos quedan en todo, y los que no nos han llegado
sino por fragmentos; quando tubiera vmd. bastante reflexion para distinguir lo que debe admitir, y des-
echar de cada uno de ellos, una vida de cien siglos
para leerlos, una madurez suficiente para no dexarse
llevar de tal, ó tal paso; una edad regular para cap-
tarse algun respeto; en fin, quando concurrieran en
vmd. todas estas prendas, seria todavia inaguantable
ese tono magistral con que se ha puesto vmd. á decir
cosas que no comprende, voces que no entiende, libros que no ha visto, Autores que no ha leido,
ciencia que pide otro juicio. Vmd. perdone esta libertad, que le parecerá mui grande, y no es sino mui
inferior á la que vmd. y sus semejantes se toman, abu-
sando de la moderacion con que suelen presentarse
los hombres verdaderamente sabios.

Considere vmd. mi buen Catedratico, y amigo, qué
tal me quedaria yo, y mas quando prosiguió mi hombre: Si la Filosofia es el amor á la sabiduria, como
hasta aora se ha dicho, si la sabiduria es una cosa tan
rara, y en tan pequeña cantidad concedida á los hombres, y si el hombre no puede llamarse tal, hasta que
sus pasiones se humillan á la edad, á la virtud, y al
estudio. Hable vmd. de Ovidio, Catulo, Propercio,
Guarini, Lope, Garcilaso, Villegas, y dira vmd. pue-
rilidades amorosas, pero no delirios peligrosos, si no
tiene el valor de dedicarse, con constancia, á estudiar por aora los principios de los mejores Filosofos,
para aprender á fondo su doctrina, quando llegue el
tiempo mas apto.

Digame vmd. Señor, y Maestro, qué he de hacer si me hallo otra vez en un lance semejante, pues
de

de aquel ya me libró la fortuna, con motivo de entrar un page en la sala á dár noticia de la comedia que hacían aquella tarde, á cuya importante expedicion habia sido enviado por el amo de la casa, otro Filosofo Co-Violeto, ó condiscipulo mio, en su escuela de V.md. cuya vida guarde Dios muchos años, &c.

NOTA. *Se me habia olvidado decir, y no pasaré de aqui sin decirlo, porque no se me olvide en adelante, que en el Curso completo de todas las ciencias, no hablé de Leyes civiles, ni de Medicina. Con todo cuidado lo omití; porque como tengo muchos Mayorazgos, espero heredar otros mas, mi carrera es de hacer dinero, y mi genio es de atesorarlo; no quiero formar malos Abogados que pierdan mis pleitos: y como mi salud está en su punto, no quiero malos Medicos que me maten. Esta nota no viene aqui al caso, y asi, el escrupuloso, critico, mirado, y circunspecto Lector no la lea abora, sino quando le parezca mas conveniente.*

❈❈❈❈❈❈❈❈❈❈❈❈❈❈❈❈❈❈❈❈❈

III.

DE UN PUBLICI-JURIS-PERITO
á la Violeta, á su Catedrático.

MAestro, y Señor mio: No soi con V.md. en aquello de que la leccion de Derecho de gentes, y naturaleza, sea mui tribial. ¿Qué llama V.md. tribial? Mas ha de quince dias que estoi estudiando los libros citados en la leccion del dia Miercoles (menos el Ayala, Vera, y Menchaca), y á fé, á fé que no me atrevo á decidir entre Vatél, y Wolfio en la controversia que V.md. cita. Las notas del Comentador Barbei-

beirac me han confundido mas. Pero como, gracias
á Dios tengo mi sangre en mis venas, y mi lengua
en mi boca, no puedo contenerla estos dias en que se
ha hablado de Rusos, y Turcos. Si V.md. me hubiera
oido pronunciar armisticios, Romanzow, Arlow, rehenes, congresos, &c. ¡qué gozo hubiera sentido su
corazon! Si V.md. hubiera presenciado la admiracion
que causó á todos el oirme citar todos los tratados de
paz que pude traer á la memoria, ¡cómo se hubiera
V.md. complacido en su discipulo! Pero desde que
leí la cancion de Argensola, que empieza *Ufano*, *ale-*
gre, *altivo*, *&c.* me sospeché que habia pocas cosas
estables en este mundo, (y á fé que es lástima!) me lo
he ido persuadiendo con exemplos de lo que he visto
por mí mismo, y me lo acaba de persuadir el lance
que voi á recitar, con harto dolor de mi corazon,
llanto de mis ojos, temblor de mis labios, y rubor de
mis mexillas. Quiso, pues, el enemigo, que sin saber cómo, ni como no, me planté de patitas en una
disertacion sobre la constitucion electiva, y la heredi-
taria : y quando estaba en lo mas engolfado, un con-
currente que se habia estado jugando con otros al re-
vesino, durante mis lucimientos, al tiempo de dár el
caballo de copas, se volvió ácia mí con cara de un
verdadero energúmenado : gritó ¿qué me habia de su-
ceder teniendo detrás de mi silla á este Don Cienlen-
guas? Señor mio, si V.md. dice una sílaba mas de esta clase, le delato al Gobierno por republicano, á la
Sociedad por perturbador, y al Hospital de Zaragoza por loco, que será lo mas ajustado. ¿Por qué? re-
pliqué yo, y acordandome de la advertencia de V.md.
le eché todos los Autores citados á cuestas: ¿Por qué?
Acaso le he dicho á V.md. una palabra que no esté
corroborada por las mayores plumas de esta Facultad.
Si V.md. hubiese leído esas obras con la meditacion
que ellas merecen, (replicó el otro,) y no con la li-

ge-

gereza que ustedes suelen, notaria el abuso que hace de ellas: y si las lee como hasta aqui, no hable delante de gente ignorante de ellas, porque la llenará de absurdos; ni hable delante de los instruidos, porque estos le llenarán de mofa, y desprecio. Esto dixo, y volvió á barajar sus naipes, como sucedió en la cueva de Montesinos, testigo Don Quixote, quando dixo aquel sugeto, paciencia, y barajar. Pero yo, y todos mis compañeros quedamos justamente persuadidos de que la rociada que me echó aquel Caballero era efecto del mal humor que cria el alargar el caballo de copas en tales circunstancias; mas que del escrupulo que sentiria al oirme los que á él le parecian desatinos. Contentos de esta frasecita que hemos repetido con frecuencia unos, y otros en todas nuestras asambleas, vuelvo á seguir religiosamente sus saludables preceptos de V. md. y cueste lo que costáre, soi, he sido, y seré siempre afectísimo, rendidísimo, y obsequiosísimo discípulo, y servidor de V. md.

Q. S. M. B.

Fulano de Tal.

IV.

DE UN TEOLOGO A LA VIOLETA
ó su Catedrático.

NO debieran tanto los Navegantes al que descubriese el punto de longitud en la mar, como las ciencias le han debido á V. md. con el Curso que ha hecho de todas ellas. Pero la Teología sobre todas, la de-

Q

debe singular obligacion. El silogismo con que V.md.
empieza la leccion del dia Viernes, es un esfuerzo
increíble de la razon humana. Lo he aprendido, no
solo de memoria, sino tambien de entendimiento, y
voluntad, y lo repito con frecuencia; ¡y ojalá con
igual suceso! Al entendedor pocas palabras, y V.md.
me mande como que soi su admirador, y discípulo. P. D.

¡Si viera V.md. qué hombres hai tan estraños en el
mundo!

✳✳✳✳✳✳✳✳✳✳✳✳✳✳✳✳✳✳✳✳✳✳✳✳

V.

CARTA DE UN VIAJANTE
á la Violeta á su Catedrático.

MI norte, y mui Señor mio: Esto de hablar de
paises estrangeros, sin haber salido de su lugar,
con tanta magestad como si se hubiera hecho una residencia de diez años en cada uno, me acomoda mui
mucho. Para esto basta comprar un juego de viages
impreso, que tambien le aumentan á uno la Libre-
ría de paso; y para viajar efectivamente se necesita
un gran caudal, mucha salud, la posesion de varias
lenguas, dón de gentes, y mucho tiempo, totalmente
dedicado á este unico objeto. Por tanto, luego que leí
el parrafo de viages que V.md. pone en su obra (digo
el parrafo á la Violeta, porque el otro, copiado del
papel en que venian embueltos los viscochos no tube la paciencia de tragarlo,) me determiné á ver Turín, Dublín, Berlín, Pekín, y Nankín, y sin salir
de mi quarto. Sus discípulos de V.md. no somos hombres que dexamos las cosas en solo proyectos: pasé

á

á ponerlo en execucion. Salí muí temprano de casa,
y encontré en la escalera á mi padre, quien estra-
ñando la hora, y trage, me preguntó á dónde iba:
voi á viajar; le respondí con aire. El buen viejo no
entendió mi respuesta, y fue tanto lo que tube que
repetirla, explicarla, y amplificarla, que me pareció
mas corto decirle: Bien es verdad, señor, que no sé
quanto hai de aqui á Toledo, ni si en Caravanchel hai
Universidad, en Salamanca Puerto de mar, en Cadiz
campos de trigo afamados, en Zaragoza Astillero, en
Cartagena Hospital célebre, en Murcia Fábrica de
armas, en Vitoria Catedrál famosa; ni sé si está Jaca
en la Frontera de Portugal, y Badajoz en la de Francia; ni sé hasta dónde llega la memoria de la poblacion de España, ni en qué tiempo ha sido conquis-
tada, ni conquistadora; qué familias han reinado en
estos Tronos, en quántas coronas ha sido dividida,
quándo se reunieron, quién descubrió las Américas,
quiénes las conquistaron, en qué Reinados se hizo la
conquista; qué ventaja, ó perjuicios ha causado la
agregacion de tantos dominios á esta Peninsula, qué
influjo tubo sobre las costumbres españolas la abundancia americana, qué uso podemos hacer de ellas,
ni de nuestras posesiones en el mar del Asia, ni de
una, y otra navegacion, ni en fin, el auge, decadencia, y resurreccion de esta Monarquía; nada de esto
sé, ni he sabido, ni sabré, ni creo me importa saber
para nada de este mundo, ni del otro; pero quiero
saber que es el Vauxhall de Londres, los Musicos
de Amsterdam, le Luxembourg de París, cómo se
monta la parada en Postdam, qué altura tienen las casas en Viena, quántos Teatros hai en Napoles, quántos cafés en Roma, y.... Interrumpióme mi padre
con blandura diciendo: vén á tomar chocolate conmigo á mi quarto, y oyeme, no como á un padre,
que te impone respeto, sino como á un amigo que de-

desea tu bien. Buena fresca para mí, dixe yo, que
tengo yá dispuesta mi silla de posta, para emprender
mi jornada. ¿Qué silla de posta? replicó mi padre: sí
señor, insté yo, un coche Simon, que yá ha arrima-
do á la puerta para llevarme á todas las Librerías de
Madrid en busca de una obra de viages. Ven acá, hijo mio, me respondió mi padre, sosiegate un poco;
oyeme; y si no te hiciese fuerza mi discurso, entre-
garé á tu deseo. Pasóme entonces por la cabeza una
antigua preocupacion en que estabamos antes de esta nueva ilustracion, y era, que el hijo debe cierta
obediencia al padre, y asi le seguí hasta su quarto,
no sin el escrupulo de que este mi padre era primo
hermano del que escribió aquella pesadísima instruccion, que V. md. tubo la paciencia de copiar. Sentéme
junto á él; y cogiendome una mano, me dixo:

Soi tu padre, y conozco las obligaciones de este
empléo, que dá la naturaleza, el mayor en su Republica; no me faltan caudal, voluntad, ni gusto de cul-
tivar el talento que he descubierto en tí, aunque en
medio de un confuso tropél de ligerezas propias de tu
edad, y de la crianza libre, que te dió tu madre en
los años que mis comisiones me tubieron lejos de esta
casa. En vista de todo esto, dias ha que pienso en en-
viarte, con el tiempo, á ver no solo las Cortes principales de Europa, sino tambien algunas de la Asia,
donde la variedad de costumbres, y trages te inspire
una plausible curiosidad de indagar noticias utiles.

Pero eres mui joven para viajar, sin peligro de ma-
lograr el tiempo, y mui ignorante de las cosas de tu
Patria, para que te sean provechosos el conocimiento de otros paises: y tu proyecto de comprar esos
viajes impresos, que andan por esas Librerías, es pue-
rilidad pura. Te aseguro que los hombres que han escrito con mas solidéz en otras materias, han delirado
quando han querido hablar de los paises estrangeros
por

por noticias, que son los documentos de que se valen los mas de los que escriben esos viages; y no ha sido mucho menor el desacierto de los que escriben lo que vén, porque es mucha la preocupacion con que se suele viajar. De esto ultimo hai mil exemplares, y de lo primero otros tantos. Me acuerdo haber leído quando era muchacho un libro de esa clase, en que el Autor, entre otras cosas, refería que el sitio del Buen Retiro está á dos leguas de Madrid: que la Esposa de Carlos II. habiendo caído del caballo, estubo á pique de ser despedazada, por no poder ningun Caballero de su Corte llegar á tocarla en tal peligro, sin hacerse reo de la vida, segun las leyes del Reino: que en España las mugeres hasta aora han tenido, y tienen la precision de beber antes que sus maridos, siempre que comen juntos; y otras mil insulceces semejantes, ó peores. Pero si quieres convencerte de esta verdad, has de saber, que el Señor Presidente de Montesquieu, á quien con tanta frecuencia citas sin entenderle, no obstante lo distinguido de su origen, lo elegante de su pluma, lo profundo de su ciencia, y en fin, todas las calidades que le han adquirido tanta, y tan universal fama en toda Europa, y aun entre nosotros, en todo aquello en que su doctrina no se oponga á la Religion y gobierno dominantes, falta á todas sus bellas prendas, y parece haberse transformado en otro hombre, quando habla de nosotros, en boca de un viajante, y comete mil errores, no nacidos de su intencion, sino de las malas noticias que le subministraron algunos sugetos, poco dignos de tratar con tan insigne varon, en materias tan graves como la crítica de una nacion, que ha sido mui principal en todos tiempos, entre todas las demás. Qualquiera Ruso, Dinamarqués, Sueco, ú Polaco, que lea la relacion de España, escrita por la misma pluma que el *Espíritu de las Leyes*, caerá con ella en un laberinto

de

de equivocaciones, á la verdad absurdas : con que
igual riesgo correrá un Español que lea noticias de
Polonia, Suecia, Dinamarca, ó Rusia, aunque las escriban unos hombres tan grandes como lo fue Montesquieu.

Señor, dixe yo entonces, aprovechandome de un
corto silencio de mi padre, es imposible que un hombre, tan grande como ese, caiga en esos yerros, que
V. md. llama equivocaciones absurdas.

Pues oye, hijo mio, replicó mi padre, oye algunas de ellas, y cree que no te las digo todas, porque
ni convienen á tus oídos, ni á mi boca. Toda la relacion que hace aquel Caballero, mereciera, sin duda,
una respuesta difusa, metódica, y sólidamente funda-
da en la historia, leyes, buena crítica, y otros cimientos. Dice, pues, en una de las cartas críticas, que con
nombre de *Cartas Persianas* andan yá bastantemente
esparcidas, entre mil cosas falsas, las siguientes: advirtiendo que el decir que se ha equivocado el señor
Presidente de Montesquieu, en esto no es negar su
grandísima autoridad en otras cosas, porque tengo
mui presente lo que dice el célebre Español Quintiliano, quando encarga que se hable con mucha moderacion de los varones justamente celebrados.

Dice con mucha formalidad: *Que siendo la gravedad nuestra virtud caracteristica, la demostramos en
los anteojos, y vigotes, poniendo en ellos singular veneracion: que contamos, como mérito especial, el poseer
un estoque, y tocar, aunque sea mal, la guitarra: que
en virtud de esto, en España se adquiere la nobleza
sentada la gente en las sillas, con los brazos cru-
zados: que hacemos consistir el honor de las mugeres en que tapen las puntas de los pies, permitien-
do que lleven los pechos descubiertos: que las novelas, y libros Escolásticos son los unicos que tenemos: que
no tenemos mas que un libro bueno, á saber, uno que*

ridiculiza todos los restantes: que hemos hecho grandes
descubrimientos en el nuevo mundo, y que no conocemos
el continente que habitamos: que aunque nos jactamos de
que el Sol nunca dexa nuestras posesiones, no vé en ellas
sino campos arruinados, y países desiertos, y otras cosas de esta naturaleza.

Y con mucha razon que lo dice, salté yo, con
toda la viveza, y alegria que siento siempre que oigo
hablar mal de país en que nací. Mui errado vá el
censor, respondió mi padre, sin inmutarse, hubo mucha preocupacion de parte de quien le dió semejantes
noticias, y mucha ligereza de parte de quien las escribió sin averiguarlo; y si no, oye la respuesta de
todo este cúmulo de cosas, aunque mui de paso.

1. Lo de que la gravedad sea nuestra virtud ca-
racterística, y que la demostramos en nuestros anteojos, y vigotes, poniendo en ellos la mayor consideracion, es sátira despreciable. Las virtudes caracte-
rísticas de los Españoles, han sido siempre el amor á
la Religion de nuestros padres, la lealtad al Soberano,
la sobriedad en la mesa, la constancia en la amistad,
la firmeza en los trabajos, y el amor á las empresas de
mucho empeño, y peligro. Lee nuestra historia, y lo
verás. En España nunca se han considerado los anteojos sino como una señal de cortedad de vista.

2. Que contamos por mérito especial el poseer un
estoque, y tocar, aunque sea mal, la guitarra, no tiene mas fondo, á menos que el talento de un mancebo
de Barbero, ó el de un torero quiera darse por apeteci-
ble en todos los Gremios de la nacion, lo que no me
parece regular.

3. Que la Nobleza en España se adquiera en la necesidad de una silla, es una contradicion de la historia,
no solo de España, sino de Roma, de Francia, de Alemania, y de otros muchos países. Todas las casas de
consideracion en España se han fundado sobre un ter-
re-

reno de que fueron echados á lanzadas los Moros, durante ocho siglos de guerras continuas, y sangrientas,
aunque con la disparidad de tener los Moros toda Africa en su socorro, y no tener nuestros abuelos mas amparo que el que les daba el amor á su Religion, y patria. Me parece mui apreciable este origen, y no creo
que haya nacion en el Orbe, cuyos nobles puedan
jactarse de mas digno principio. Pero otros de nuestros nobles principales, y los tenidos, y reconocidos
por tales, aunque tal vez no demuestren su descendencia de padres tan gloriosos, siempre fecharán su
lustre desde los que pelearon en Italia, Alemania,
Flandes, Francia, América, Africa, Islas de Asia, y
por esos mares, bajo el mando de los Laurias, Cor-
dobas, Leivas, Pescaras, Vastos, Navarros, Corte-
ses, Alvarados, Alvas, Bazanes, Mondragones, Ver-
dugos, Moncadas, Requesens, y otros, cuyos respetables nombres no puedo tener aora presentes; pero que tú podrias saber, si en lugar de malgastar tu
tiempo, lo empleáras en leer los Marianas, Zuritas,
Ferreras, Herreras, Solises, Estradas, San Felipes,
con los Mendozas, y otros historiadores. Aun mas altos lugares que estos ocupan las casas de nuestros nobles de primera gerarquía, que descienden de varias
Familias Reales. Hasta en la corrupcion de querer
ennoblecerse los que nacieron en baja esfera, se vé la
veneracion que tributan á la verdadera nobleza, pues
siempre se fingen un origen en las Provincias, de
donde dimanó la libertad de España; pero ninguno
pretende ilustrarse sentado en una silla muchas horas,
como dice el señor Montesquieu, que se usa por acá,
ni comprando con una hija rica el hijo noble de una
casa pobre, como dicen que se usa en otras partes.

4. Que hacemos consistir el honor de nuestras
mugeres en que lleven las puntas de los pies tapa-
dos, con la pueril especie de antithesis de que se les

per-

permite llevàr descubiertos los pechos, es otra especie nueva para todo el que haya visto quadros de familia, y retratos de nuestras abuelas, á quienes apenas se les veía las caras: y supongo que de aquellos tiempos habla el tal Caballero, porque en los nuestros se visten en Madrid, como en París, testigos tantos millones como salen anualmente de España, en la compra de cintas, blondas, encages, &c.

5. Que nuestros libros se reducen á novelas, y libros Escolásticos, es tambien otra cosa infundada. Comparense las fechas de nuestra literatura, y de la Francesa, en punto de lenguas muertas, Retórica, Matemática, Navegacion, Teología, y Poesía. Oigan lo que algunos Autores Franceses confiesan sobre la antiguedad de las ciencias, en este, ú en el otro lado de los pirinéos. Lease la Biblioteca Española de Don Nicolás Antonio, se verá el número, antiguedad, y mérito de nuestros Autores, sin contar los que no tubo presentes, y los que han florecido desde entonces, hasta la publicacion de las Cartas Persianas. Si dixera que desde mediados del siglo pasado hemos perdido algo, y particularmente en Matemáticas, y Fisica buena, y de mas á mas nos indicára la causa, y el remedio, haría algo de provecho.

6. Segunda parte de esto es lo que sigue diciendo; á saber: Que no tenemos mas que un libro bueno, y es el que ridiculiza todos los restantes. Ni el tal libro es el solo bueno, ni ridiculiza á todos los restantes. Solo se critican en él los de la Caballería andante, y algunas comedias.

7. Alguna noticia que tubo de las Batuecas mal traída, sin duda, le hizo decir que teniamos en nuestro continente paises poco conocidos. Aora esto ya vés quan floja crítica forma; y con poco menos fundamento dice: que aunque nos jactamos de que el Sol nunca dexa nuestras posesiones, no vé en ellas sino pai-

R

países desiertos, y campos arruinados. Lo cierto es, que la diminucion de la poblacion de la peninsula (de 50 millones en tiempo de Augusto, 20 en tiempo de Fernando el Católico, y 9 en el nuestro, sin contar las Provincias de Portugal) ha arruinado en mucho este país; pero siempre estará mui lexos de verificarse, mientras no se aniquile la cultura de Cataluña, donde se han plantado viñas en las puntas de los cerros, y suben los hombres atados con cuerdas para trabajar, y la fertilidad de Andalucía, donde desde Bailén, á la orilla de la mar, materia de cincuenta y tantas leguas, no se vé sino trigo, y aceituna; la abundancia de la huerta de Murcia, en cuyas cercanías ha habido exemplar de cogerse ciento y veinte fanegas de cosecha por una de sembrado; las cosechas de Castilla la vieja, que en un año regular puede mantener media España; y otros pedazos de la peninsula, que la hicieron el objeto de la codicia de las primeras naciones que comerciaron, y navegaron.

Con que conocerás el peligro que hai en hablar de un país estrangero sin haberlo visto, aun quando se posea un gran talento, un sólido juicio, una profunda erudicion, y un carácter respetable en las Republicas política, y literaria.

Aqui paró mi padre; y se levantó dandome su mano á besar, segun su ridículo estilo antiguo, y diciendome que deseaba enviarme á Valencia á que viese un pedacito de terreno que me habia comprado, y añadido al corto, pero honroso vinculo de su casa.

Digame V. md. qué he de hacer en este caso, pues aqui que nadie nos oye, aseguro que me quedé casi casi confuso, conociendo, que si sigo el dictamen de mi padre, seré un gran *sector* toda mi vida, y no podré *brillar*, como deseaba, y veo, no sin envidia, á otros; quan facil me hubiera sido conseguirlo con los documentos de V. md. cuya importante vida guarde el

Cie-

Cielo para instruccion de sus discípulos, aumento de las ciencias, ornamento de este siglo filosófico, y civilizado, y alivio de los que no tienen genio de estudiar como yo, &c. &c.

(*Aqui la firma.*)

Post-scriptum, ú post-data.

Mire V. md. si yo habia tomado poca determinacion. Era mi ánimo salirme unos quince dias de España, y volver preguntando, no como se llama el vino, y pan en Castellano, segun V. md. lo aconseja en su mui sólida, madura, y benemerita instruccion, sino preguntando, viendo á mi padre con otros amigos suyos: ¿Quién de estos Caballeros es mi padre?

Esto sí que me hubiera inmortalizado en la Republica á la Violeta. V. md. mismo me hubiera tenido envidia.

NOTICIAS PERTENECIENTES

á esta obra, ó bien anécdotas, ó anedoctas, ó lo que sea, que el demonio de la palabrilla me gustó la primera vez que la oí, la repito siempre que hai ocasion, y jamás la olvidaré, aunque ni entonces la entendí, ni aora la entiendo, ni la entenderé jamás; pero ¿qué importa no entender palabra, para pronunciarla con frecuencia, y desembarazo?

La demasiada austeridad del siglo pasado en los ademanes sérios, que eran tenidos por característicos de sábio, ha seguido en el presente una ridícula relaxacion en lo mismo. Entonces se creía que no se podia saber, sin esconderse de las gentes, tomar mucho tabaco, tener mal genio, hablar poco, y siempre con voces facultativas, aun en las materias mas familiares. Aora al contrario, se cree que para saber, no se necesita mas que entender el francés medianamente, frecuentar las diversiones públicas, murmurar de la antiguedad, y afectar ligereza en las materias mas profundas. Los siglos son como los hombres, pasan facilmente de un extremo á otro. Pocas veces se fijan en el virtuoso medio.

No sé como hubiera aguantado la ridiculéz de los tiempos, si hubiera nacido cien años antes; pero sé que no pudo tolerar la superficialidad de los sábios aparentes, de que se ha inundado la peninsula en la era en que vivo. Este torrente arrebata quanto encuentra, y no hai obstáculo que oponerle, sino otro

de

de igual naturaleza , á saber , otra superficialidad.

De aqui me vino el pensamiento de escribir una crítica de estos falsos sábios , hablando en su estilo por los siete dias de la semana , tratando en cada uno de ellos una de las principales Facultades. Comuniqué esta idéa á un amigo , á todas luces apreciable. Este , cuyo nombre debo callar , habiendo hecho su elogio , aprobó mi intento , sintiendo con mas razon que yo el número , y perjuicio de estos *Pseudo-Eruditos* , porque posee á fondo algunas Facultades , singularmente la buena Física , y las Matemáticas , con un gusto muí fino en los demás ramos de literatura. Di principio á la obra , y la continué con el método de llevar á su casa cada dia lo que habia hecho la vispera , con cuya ocasion me reprendia , ó aplaudia lo trabajado , como amigo ; esto es , sin disimular los defectos por adulacion , ni tacharme por embidia lo que le parecia bueno. A pocos dias llegué á la conclusion de la obra , y no intentando publicarla , la dexé olvidada cerca de un año , hasta que otro amigo , de igual aprecio , se encargó de publicarla , lo que se hizo con las licencias necesarias , y la fortuna de despacharse toda la impresion (*menos veinte y seis exemplares , para que el diablo no se ria de la mentira*) antes que se pudiese anunciar en la Gaceta.

Las críticas que se han hecho de la obra , son como acontece en estas ocasiones , las unas malas , y las otras buenas: de las ultimas las tres siguientes me parecen las mas notables.

I. Que el artículo de la Retórica era mui corto. Es verdad ; y lo hice asi por no abultar demasiado aquella leccion , habiendome dilatado tanto en la Poesía , facultad que me deleita , á quien debo el consuelo de algunas pesadumbres , y será siempre el remedio de mis melancolías.

II. Que la obra no era mia , porque no podia ser mia;

mia ; yo respondí á quien me lo díxo : la obra puede ser mia , porque es mia.

III.   Que yo mismo he retratado. Si se entiende por Erudito á la Violeta un hombre que sabe poco, declaro que me he retratado con vivísimos colores, por mas que el amor propio quiera borrar el quadro. Pero si se entiende por Erudito á la Violeta lo que yo entiendo, y quise que todos entendiesen desde que puse la pluma al papel ; á saber , uno que sabiendo poco , aparente mucha ciencia , digo que no se me parece la pintura ni en una pincelada. De la calumnia apelo á los que me tratan , y digan si jamás se me ha oído hablar de Facultad alguna con esa parada, y obstentacion , por mas que me incitan á ello los exemplos de tantos como veo , y oigo por ese mundo lucir con quatro miserables parrafos que repiten , asi como un papagayo suele incomodar á toda la vecindad con unas pocas voces humanas mal articuladas.

JUNTA,

QUE EN CASA DE DON SANTOS
Celis tubieron ciertos Eruditos á la Violeta;
y parecer que sobre dicho Papel ha dado el
mismo á Don Manuel Noriega, habiéndosele
éste pedido con las mayores instancias
desde Sevilla.

✕✕✕✕✕✕✕✕✕✕✕✕✕✕✕✕✕✕✕✕✕✕✕✕✕

Madrid y Noviembre 10. de 1772.

MUI Señor mio: ¿Hasta quando abrigará Vmd. el error de que yo soi capáz de dar mi parecer sobre asuntos de Literatura? ¿En qué tiempo se desengañará Vmd? ¿Será acaso en la estacion hiemal? ¿será acaso en la estiva? (quiero usar tambien de mis rimbombos, pues no me tengo en este particular por menos que otro) pero ya veo que Vmd. no se enmendará, y que primero le arrancarán un colmillo, que mudar de idéa: pues sepa que yo soi un Erudíto á la Violeta, hecho, pero no derecho; porque tengo mi cuerpo á manera de cayado, y así, mal podré dar mi dictámen, quando apenas he comprendido los esquisitos primores que se encierran en esa esquisitísima obra; pero no obstante, le aseguro, que sobre aquello que he calado, diré mi sentir, sin miedo de herir mi conciencia, y aun quando dixere algo en detrimento de ella, yo la tengo mas ancha

cha y mas espaciosa que *Mauregato*, y no reparo en vagatelas.

Aunque no conozco al Autor de la Obra que ahora voi á hablar, sé mui bien que viste la misma ropa que yo, con la pequeña diferencia de ser sus botones de plata, y los mios de oro. Ya Vmd. comprenderá que nuestra facultad no se hizo para ilustrar al mundo con la pluma, sino con la espada; pero estamos hoi todos tan rebueltos, que yo espero ver un Tratado de Equitacion escrito por algun Capuchino, en donde nos diga que este uso fue mui conocido en tiempo de *Salomón*, cuyo Principe tenia en sus caballerizas quarenta mil caballos Gitanos, ú de Egipto, y para que le creamos, nos embiará al *Paralipómenon, lib. 2. cap. 9. vers. 5.* Dirá que en la Historia de los Persas se lee que daban á los hijos de los Soberanos Maestros, para que les enseñasen este Arte, añadiendo la importantísima noticia de que esto solo se entendia desde la edad de siete años hasta la de catorce, advirtiendonos (y con mucha razon) que quinientos años antes que los Persas, ya los *Trerones*, y los *Gimmerianos* sabian mui bien lo que era montar, habiendo sido Maestros Picadores de los *Jonios*, y de los *Lidios*, que lo aprendieron á la perfeccion.

Igualmente aguardo con impaciencia otro Tratado formado por algun Cartujo sobre la Fortificacion, asegurandonos que *Cain* fue el primero que fortificó las Ciudades, dandonos en los ojos con el *cap. 4. del Génesis*, hablandonos de paso de aquellas dos célebres Fortalezas, cada una de ellas mayor que la de Figueras de nuestro Soberano, llamadas *Phitón*, y *Ramassés*, diciendo que esto se halla en el *Exodo, cap. 1. vers. 11.* siguiendo el Hebréo, y los Setenta; y despues que este Religioso se haya cansado de darnos tantas noticias, echará por medio, y dirá que *Vitruvio* en el 3. *cap.* del *lib. 1.* trata bien de la Fortifica-

cion

cion de los antiguos, y que en el decimo libro habla
lastimosamente de las máquinas de guerra que tenian,
exornandonos su obrilla con jurarnos que de Fortificacion moderna los primeros que han escrito fueron
los Italianos, entre los quales *Rameli*, y *Cataneo* han
sido los Coripheos, y no dexará de sacar al mercado
al Mariscal de *Vauban*, pues si no vomitaba algun Autor Francés, se acreditaria mui poco de Erudito á la
Violeta: esto supuesto, yo no me admiro que Don
Josef Vazquez trate de Teología, Filosofía, Dereho
natural, y de quantas ciencias tengan poca ó ninguna analogía con las que debe saber, pues otro de su
misma facultad, íntimo amigo mio, se ha quemado
las cejas en escribir una pequeña Historia de la In-
oculacion de las Viruelas, y en verdad que trata la materia más que medianamente.

Digo, pues, hablando de nuestro Vazquez, que
me enfada el que se burle de aquellos Doctores de 25.
á 30. años, que con aire de gran satisfaccion, rajan,
y cortan en esta ciencia, y en la otra, vistiendo á la
Escritura de mil colores, impugnando á los Santos Padres, y paseandose por los Concilios lo mismo que si
fuese por el Prado, ó las Delicias, pues yo no pongo
duda en que dichos jovenes sean mui capaces de hacer esto y mucho mas, respecto que no he creido jamás lo que dicen los Sabios, de que en la edad ju-
venil solo se halla la imprudencia, la inconstancia, la
temeridad, la ignorancia, y la: ... qué sé yo como llamarla, y digo que miente y requiente *Horacio*
quando sin Dios, ni ley canta, ó rabia en su Arte Poé-
tica.

Imberbis juvenis, tandem custode remoto
Gaudet equis, canibusque, & apriti gramina campi
Cereus in vitium flecti, monitoribus asper:
Utillium tardus provissor, prodigus æris:
Sublimis, cupidusque, & amata relinquere pernix.

S

Y habiendo encontrado casualmente en un papel
que estaba ya destinado, para los rizos de mi pelo la
traduccion de estos versos, quiero decirsela á V. m.
la qual ni mas ni menos es del tenor siguiente:

el Joven desbarbado
en viendose sin Ayo, mal domado echa por esos cerros,
dado á caballos, y mas dado á perros
para el vicio es de cera,
y de acero al viso se exaspera;
prodigo á un tiempo mismo, y codicioso,
en mirar por sí tardo, y perezoso,
sobervio, y si algo ha amado,
no bien lo amó, quándo lo ha dexado.

Porque vemos en el Autor de los Eruditos á la Violeta una esquisita Apología del caracter mas brillante
con que desmentirle á el y á los Sabios, refutando
las lúgubres censuras de la vejez; y por este motivo
no creo, ni quiero creer, que el juicio, la prudencia,
y todo lo bueno esté aligado á los cabellos blancos,
como la fortaleza á los de *Sanson*, asegurando y de-
fendiendo yo, que cabe compendiarse en edad conci-
sa todo quanto bueno puede imprimir la senectud
en el prolijo volumen de sus años; qué altisonante
oracion!

Diga el hombre menos sensato, si nadie discurri-
rá con mas primor que nuestro Don Josef en el Tratado de Poesia? ¡Pues en el de Matemáticas! ¡Pues en
el de Viáges! Vaya que es un Demonio! Qualquiera
que los lea, es preciso que prorrumpa á gritos, albo-
rotando el lugar donde se halle, diciendo al ver una
erudicion tan monstruosa: *Benditas sean las madres que*
tales monstruos de erudicion paren.

Lo cierto es, que el Autór de dicho Papel no hizo bien en sacar á luz á Frai Luis de Leon, con *Fol-*
ga-

gaba el Rey, ni tampoco á Garcilaso con lo de O. *dul-*
ces prendas por mi mal halladas: pues no venia al caso, y sí decirnos que el primer par de versos de
este Soneto son imitados de Virgilio en aquello de

Dulces exuvia, dum fata deusque sinebant.

y asi nos instruia algo mas, y no que casi le adivina-
ron la quisicosa de por qué sacó á la plaza estas dos
cosuelas, que era mejor haberlas tenido ocultas, y dexar vivir á todo pobrete, porque cada qual se vandea
como Dios le ayuda; v. g. unos escribiendo de Agricultura, sin entender palabra de ella, sin saber las Su-
mulas de la Filosofía rural, sin haber tenido jamás particular intimidad con *Ceres,* é ignorar que esta nació
en Sicilia; y fuera de esto, ¿ qué nos importa á nosotros la Agricultura? Ni ¿ Qué obligacion tenemos á
creer lo que dice *Bocalini,* de que ella y el Comercio
son los dos pechos que dan á mamar á qualquier Estado, y nadie me quitaria de la cabeza, que *Hexiodo*
fue un gran borrachon, por haberse cansado la suya
en escribir un Poema sobre este asunto, ni tampoco
las rablas que tengo con los Reyes de Atenas, que
creyendo era mas glorioso gobernar con acierto un
pequeño Estado, que extenderle con nuevas conquistas; alexaron á sus vasallos de las guerras, para em-
plearlos solo en la cultura de la tierra; y en suma, yo
no sé si tendria *Socrates* el juicio en su lugar quando
dixo, que la Agricultura era la mas digna ocupacion
del hombre, y la mas conforme á su naturaleza, la
fuente de la salud, de la fuerza, de la riqueza, de los
placeres honestos, y ultimamente la protectora de la
Templanza, de la Justicia, de la Religion, y de todas
las virtudes. Perdoneme *Socrates,* que yo no soi de su
parecer, pues quantos libros de Agricultura han escrito
modernamente los Franceses, los tengo por la cosa mas
in-

inutil del mundo, y por inutilisima un tratado completo de ella, que por orden del Cardenal *Ximenez* formó un
tal Español llamado *Herrera*, asegurando en Dios y en
mi conciencia, que este habil hombre recogió en dicha
Obra todo quanto los antiguos y modernos han dicho de importante sobre este Arte, añadiendo las particulares observaciones que él por su misma persona habia hecho en el discurso de muchos años que se
aplicó al estudio de una cosa tan molesta é inutil.

Bravos tontos son los Ingleses en andarse haciendo
experiencias con la Agricultura, lo mismo que si ma-
nejasen la Física; ¿Quién les mete á ellos en ser exac-
tos escrudiñadores de la naturaleza, y en seguirla paso
á paso, como si fuese alguna buena moza, observándo-
sus entresijos, y haciendo un portentoso uso de todas
estas vagatelas? Ni ¿quién á los Chinos, tan constan-
tes en sus antiguas máximas, como inconstantes otros,
en proteger tanto á la Agricultura, haciendo que su
Emperador vaya todos los años con la carreta (como
si fuese un Tio Felipe) á sembrar, para que ninguno de sus Vasallos se desdeñe de trabajar la tierra?
Es cierto que si el Padre *Du-balde* en su Descripcion
Geográfica y Histórica del Imperio de la China no
trajese noticias mas utiles que esta, bien podia hacerse quedado con el manuescrito para torcidas de la lam-
parilla. Algo me he detenido en esto, pero es preciso perdonarme, porque es tanto el enfado que tomo,
quando veo que se atiende á la agricultura, que con
la vilis soi capáz de estar charleando ocho dias; y así,
como iba diciendo, Señor Don Manuel, otros escriben sobre el Derecho público universal, que aunque sea á *Watel* traducido, eso maldita la cosa quiere decir; otros hacen nuevas invenciones de Brage-
ros con resortes, de cuya maquina no he usado por
la misericordia de Dios, ni creo que tenga en ella
mucho despacho, porque desde que están las calles

como las salas, disminuyó el numero de quebrados, y
desaparecieron los reticos: mire V. mismo bien que nos
ha venido con esta limpieza: otros se ponen á leer en
este Café ó en el otro, para que los tengan por aplicados y doctos, quando en realidad no son una cosa, ni
otra: otros hechos unos Filosofos de pesebre andan todo
el dia mui erguidos de cuello como pabos, siempre de
militar, y sin espada como los perros, hablando de
Montesquieu, y de *Roseau*, sin haberlos visto más
que por la pasta, pues estos dos Caballeros no creo
hayan estado jamás vestidos de otra tela. Otros se le-
vantan por la mañana con ánimo de escribir una obra
que ilustrará toda la Nacion; y murió este buen pensamiento en el momento que viene el Peluquero, pues
entonces empieza diferente conversacion, y mas in-
teresante; y asi se va pasando esta miserable vida. Para esto no hai ciencia ni facultad que no tengan en
la Politica (que es la ciencia á quien esta casta de gentes fatiga mas) es una chirinola: las obras Griegas
de *Tucidides* y *Henodoto*, y las Latinas de *Salustio* y
Titolivio, las miran como un pequeño principio, para introducirse á la politica: *Xenofonte* y *Polivio*, valen poco; porque se derriten en reflexiones: *Tácito*,
aunque nada económico en ellos, es demasiado falso;
todo se le buelve querer adivinar, y al ultimo se eva-
pora en mil pensamientos quiméricos: el Caballero
Bacón, aunque excedió á todos los que le habian pre-
cedido por su penetrante espiritu y sano juicio, fue
mui tonto, pues supo unir la Politica con la Religion:
Baltasar Gracian apenas se le entiende: y el Marqués
de *Santa Cruz* en sus Reflexiones Militares, aunque son
siempre entretegidas de la mas fina y sana politica, es
Español, y asi vale mui poco: *Saavedra* por lo mismo
vale menos: El bueno y bonísimo es el Baron de *Puffendorf*: *Barbeirac* excelente y excelentísima: *Grocio*, Ilustre é ilustrísimo: *Gregorio Letti*, eminente y eminentí-

simo; y despues para desensebar las memorias de Sal-
ly, del Mariscal de Bacrompierre, los Despachos de
Monsieur d'Ossat, y las Cartas del Cardenal Ma-
zarini.

Toqueles V. m. á estos de :: pero me parece que
han llamado á la puerta, y mientras voi á ver quien
es, hagame V. m. el favor de esperar un poco.

¡Valgame Dios! ¿Quién lo creeria? No hai duda
de que V. m. habrá estado mui impaciente, esperan-
do las resultas de la llamada, porque hace dos horas
que he ido á verlo, y no he buelto hasta ahora con
la respuesta: pues ha de saber V. m. que eran cinco
amigos, los quales mui susonados del papel á la Violeta, venian á saber de mí el medio que debian tomar
para vindicarse: pero yo, que (gracias á Dios) tengo
una sangre mas fria que todos los carámbanos del Norte, procuré sosegarlos, y haciendo á mi criado que
sacase chocolate para todos, mientras este se hacía, y
mientras le tomamos, pasó la conversacion siguiente:

Yo no sé (dixo el mas Violeto) por qué el Señor
Vazquez ha de haber sacado á luz nuestros defectos,
pues esto, á lo menos, es faltar á la caridad, sin que
se pueda verificar en tiempo alguno, que ha reme-
diado la mas leve cosa, pues quedará de todos modos
la Literatura en España tan mala como se estaba: yo
por lo que á mí toca, no he de mudar de sistéma, y
el método que tengo en mis Estudios le he de seguir
toda la vida, y caiga el que caiga; porque ¿dónde hai
igual satisfaccion á la que yo consigo de entrar con
toda esta humanidad, mayor que la de Eglon, (adviér-
tase que el sugeto que hablaba estaba de buen pasar,
y mui bien metido en harina, ya cerré el parentesis) en qualquiera casa, y hablar delante de los que
no me entiendan, diciendo, (vaya un exemplito) que
la Poesía es tan vieja como el mundo, y cito á Rolín;
que la antigua entre los Israelitas solo se dirigia á alabar

bar á Dios, que la *Lyrica* reinaba ya en *Grecia* antes
que *Homero*, que de este fue en muchas cosas una mo-
na *Virgilio*, que aunque *Homero* tiene mas genio, *Vir-*
gilio tiene mas arte, y si algun mentecato me impug-
na esta proposicion, al instante le daré en los hocicos
con *Quintiliano*. Hablaré de la Poesía Griega, y empezaré por *Stesícore*, que es el mas antiguo de todos,
y alabaré los Poemas Epicos, que compuso, añadiendo que fue un mal hombre en emplear su habilidad,
para disfamar á la pobre Elena, finalizando con aire,
así á modo de Padre Maestro Jubilado, pero bien,
bien, bien la pagó el pobrete, pues por esta accion
perdió la vista, sin que hubiese sido posible recobrar-
la, hasta tanto que determinó cantar la Palinódia, segun nos refiere *Pausánias*.

Despues me entraré, como Pedro por su casa, en
la Poesía Latina, y alabaré el Reinado de Augusto, bajo el qual subió esta ciencia como espuma; aquí celebraré los versos Jámbicos de *Ciceron* en aquel Poema
intitulado : *Poncius Glaucus*, y los de *Catón de Utica*,
contra *Metelo*: daré un brinco sobre *Juvenal* y *Persio*,
alabando en el primero aquel verso que trae en la Satyra
.............., y el de que Corneille fue quien la re-

Si fortuna volet, fies de Rectore Consul,
Si volet hæc eadem fies de Consule Rector.

y diré que esta Señora los mismos humos tenia en tiempo de *Tiberio* y de *Claudio*, que en el de *Mustafá III.*
y de *Catalina II.* Despreciaré otro verso del mismo,
que se halla infaliblemente en la *Sátira 6*, y dice:

Intolerabilius nihil est quàm fœmina dives.

pues, como yo encontrase una que lo fuese, no tarda-
ria quatro minutos en hacerme congregante.

Doi desde aquí un salto á *Persio*, y le acacheteo
por-

porque tuvo la osadía de hacer aquella pregunta tan desvergonzada de

Auriculas asini quis non habet?

no pudiendo darnos otro exemplar que el de *Midas*, y algunos trescientos ó quatrocientos mil millones mas. Desde *Persio* me meto corriendo con *Virgilio*, y citaré siempre que vea salir á luz algunos papelitos como el de el *Bufon*, y la *Guia de la Grandeza de España* aquel verso suyo del *lib. 3. de la Eneida*.

Auri sacra fames.
Quid non mortalia pectora cogis?

Despues me iré pasando de tiempo en tiempo, de Nacion en Nacion, y maldeciré una y mil veces á *Muza*, General de las armas del *Caliphe de Siria*, porque con sus conquistas en nuestro Reino desterró la Poesía que introdujeron los Arabes, no habiendose la pobre atrevido á sacar enteramente la cabeza, hasta que el amigo *Lope de Vega* nos la presentó con el carácter que la es propio. Me agarraré despues de la Poesía Francesa, y diré que *Corneille* fue quien la resucitó, y si alguno me niega este milagro, no por eso hemos de reñir. Desde *Corneille* me cabalgo en el *Dante*, desde este paso á *Gorelli*, no obstante que sea un poco obscuro y áspero, y de camino formaré un panegírico del *Tasso*, de cuyo sugeto diré una Octavita que pocos dias ha entaje á una Señora mia, porque desconfiaba de mi constancia, y mi amor, que tambien me persigue de quando en quando esta criatura, pero no es de admirar, porque

Omne adeo genus in terris hominumque, ferarumque,
Et genus æquoreum, pecudes, pictæque volucres,
In furias ignemque ruunt.

Pa-

Parece que quiero escaparme sin decir lo que ofrecí del *Tasso*; pues no, porque son unos versitos mui primorosos para decírselos á qualquiera Dama desconfiada; ellos son sin quitar ni poner una letra, así ni mas ni menos:

Vostro fui, vostro sono, è sarò vostro,
Finche vedrà quest' aere e questo cielo
Vi li prima sarán le Perle, e l' ostro;
Negre ed ardenti fian le nevi e l'gielo,
Che l' tempo spenga mai quæst ardor nostro
Per cangiar clima, è varlar di pelo;
Anzi crescerá sempre il mio bel foco,
Quanto andrò pui cangiando etate è loco.

Pues señores mios, bolviendo á tomar el hilo, digo que desde la Poesía Italiana me encajo de un golpe en la Inglesa, y citaré á *Chaucer*, á *Spencer* para lo Bucólico; desde los Británicos paso á los Dinamarqueses, y tocaré por encima á *Andrés Bordingio*: desde Dinamarca me encajaré en la Armenia, y hablaré quando menos del Rei de ella *Haiton*, y de este modo tunaré por todo el mundo lo mismo, y con tanta satisfaccion como si hubiese tratado á todos los sugetos de quienes he dado esta breve y compendiosa noticia: Dixo, y habiendose parado un poco para ir á estornudar, y limpiarse la cara, (pues como tan gordo que está se sufocaba) tomó la carretilla otro, diciendo:

Maldita sea el alma del diablo, ¿quál sería el que metió á este *Vazquez* en escribir un papel tan frio, y tan zonzo, que parece no probó la sal en su vida? Pudiendo el pobre papelito cantar aquello de

¡Valgame Dios de los Cielos
que desgraciado nací,
pues quando me bautizaron
faltó la sal para mí!

Porque yo no hallo en él cosa con cosa, graciosidad con graciosidad, concepto con concepto, ni nada

T

da con nada, pues : : : iba á dár un sorbo al chocolate,
que nos le acababan de traer, y en este intermedio metió la cucharada un pariente mio, persona erudíta, pero no á la Violeta, y dixo: Amigo, el Autor de ese
papel ha hecho bien y rebien en darle á luz, para
que los Literatos como nosotros nos enmendemos,
estudiando con método, y no delirémos todo el dia
hablando de quantas ciencias y artes hai, lo mismo que
si hubiesemos sido los inventores de una cosa, y otra,
pues porque yo diga que la Elocuencia es el arte de
persuadir, y de apoderarse de los espíritus, que ésta
ha reinado siempre sobre los Pueblos libres, como en
la Grecia antes de Alexandro, y en Roma antes de la
dominacion de los Cesares, que era desconocida de
los Asirios y los Persas, porque estaban acostumbrados al Despotismo; que nosotros apenas sabemos de
qué color es, pues no admitiendo esta ciencia sino la
naturalidad, todo se nos buelve piropar, y adornarla
con frases campanudas y huecas: que esta es inútil en
los Gobiernos Monárquicos, porque en ellos solo basta el *Hoc volo*, *sic jubeo*, sin necesitar el Soberano hablar mas, ni el vasallo otra cosa que encomendarse
mui de veras á *Harpocrates*; pues nadie debe replicar
al Principe, ni preguntarle el por qué, el cómo, ni el
quándo.

Porque me ponga yo á tratar del estilo Epistolar,
y diga que las Cartas de *Ciceron* son las mas perfectas;
que las Epistolas de *Plinio* el Joven son mui dulces para
los amantes de la Literatura, que las Cartas del 10 lib.
son incomparables: ¿por esto he de creer que entiendo
de Elocuencia y de Retórica? Maldita la palabra.

Porque yo diga que el Arte de Navegar nos le
enseñó el Criador, pues el Arca es el primer vagél
de que se trata en la Historia Sagrada; que la misma
nos diga despues que los primeros navegantes fueron
los hijos de *Noé*, pues *Sem* se estableció en Asia, *Cham*
en Africa, y *Japhet* en Europa; que la navegacion
era

era una cosa que apénas se conocia entre los Asirios, hasta que la dió la mano *Semiramis*, muger á quien se atribuye la invencion de las Galéras, que en Egipto la navegacion es tan antigua como el establecimiento de su Imperio, y que de su Rei *Osiris* fue Piloto, ó Almirante el amigo *Canope*, que todos nosotros conocemos la estrella de ese nombre, en memoria de la famosa expedicion que hizo á las Indias este famoso navegante; ¿por esto me han de computar por nautico? No, pues no he visto mas mar que el que está pintado en el Mapa.

Si hablando de viages, dixese yo, que quando las relaciones de ellos son exáctas, sirven de fundamento á la Geografía, que los Orientales no nos han dexado ninguna instruccion de los que hicieron, que *David* embiaba sus Flotas ácia las Costas de Africa, de Persia, y de las Indias, sin describirnos cómo ni por dónde; y que los vageles de *Salomon* bolvian del *Ophir* cargados de oro, yá sea que el *Ophir* se le ponga en la antigua Iberia, ó yá en la Arabia Meridional, pues esto de nada nos importa; que los Phenicios despues de haberse paseado por todas las Costas del Mediterraneo, hicieron la peligrosa navegacion del Oceano Oriental, y que establecieron Colonias, segun *Diodoro* en la América.

Si queriendo venirme mas acá, quisiere decir que al espirar el noveno siglo, *Othero, Saxon*, y *Wostan* Inglés, corrieron como unos desesperados por el mar Báltico, y penetraron hasta el fondo del Norte, que *Alfrez ó Alured* (llamenle como quieran, y como se les ponga en la calamorra) hizo la relacion de sus viages, y los escribió en lengua Angli-Saxona, siendo memorable este Soberano, por haber fundado la Universidad de *Oxford*, segun dice *Polidoro Virgilio*; y si dando otro tironcito mas ácia nuestros dias, vomitase toda mi erudicion, y hablase de los viages de *Tabernier* á la Persia, de los del Padre *Du-Halde* á la Chi-

na,

na, y de los de *Herrera* á las Indias Occidentales, no
creerían que he ido en compañía de *Colombo*, de *Pi-
zarro*, de *Cortés*, y del Excelentísimo Señor *Don Jor-
ge Juan* á todas partes, habiendo registrado los Autores que dicen verdad y mentira? Pues sepan V. mds.
que jamás salí del medio dia, ó de la quarta parte del
dia, pero esto no obstante, hablo como un papagayo,
y digo diez mil desatinos para acreditarme de literato,
y de viagero, quando por no salir de Madrid, no he
ido á la Plaza de Toros, ni he visto aun el Canal.

Mas hubiera ensartado este pariente mio, pero tubo que callar, para responder al criado, que no queria agua despues del chocolate, y tomó la voz otro
que yo no conocia, de este modo:

Vaya, vaya amigo, que V. md. es cierto que : : : :
¿Con que yo aunque no haya escupido en Francia,
no puedo hablar de la calle de *Saint Honoré*, del Puente nuevo, de las *Tullerias*, y decir que en tal calle vi-
ve Monsieur *Pirfandon*, el Sastre mejor del universo,
y en tal otra, Monsieur *Drairier*, Maestro Peluquero,
tan primoroso, que es capáz (sin que se conozca) pei-
nar en bucles gordos á la Reina *Escratónica*, no obstante que era calva y calavera, pues hizo un gran re-
galo á un Poeta que alabó sus cabellos? ¿Es menester
ir á Roma para hablar del Capitólio, aquel lugar donde cantaron (mejor dicho está graznaron) unos benditos Ansares, al vér que los Galos le asaltaban una noche, y despertando á *Manlio*, este tocó con sus soldados las liendres á los pobres Galos, los quales viendose rechazados, se bolvieron con su rabo entre piernas
(estimenme V.mds. este pedacito de historia, y perdo-
nenme el parentesis) Pues para hablar de esto no es
menester salir de Madrid, ni de Sevilla, ni de Chamar-
tin, con irse uno al Corral del Principe á vér el *Hamleto*, encuentra alli mil Estrangeros, que le informarán
por menor de todo: en la suspension de V.mds. he llegado á conocer que no han entendido esta palabra *Ham-
le-*

leto; pues si no lo tienen á mal, se la explicaré en breve.

Quiere decir *Hamleto* un Rei de Dinamarca: á este pobre le sucedió yo no sé qué cosa, que de todo se asustaba. De sus sustos se formó una Tragedia en Inglaterra; esta parió otra Francesa, y la Francesa abortó una Española: miren V.mds. qué mezcla. La tal Tragedia es famosa, en ella hai fantasmas y muertos, como en el Convidado de Piedra, pero en esta es pecado que salgan tales Spectros, y en las estrangeras no, como si no tubiesemos nosotros las mismas facultades que los Franceses, los Italianos, y los Ingleses para sacar á los muertos de sus sepulcros, y aun de los infiernos, aunque digan que *in inferno nulla est redemptio*; pues aun quando yo no supiera este texto, sé mui bien, por habermelo dicho *Virgilio*:

   Facilis descensus averni;
    sed revocare gradum, superasque evadere ad auras
    hoc opus, hic labor est.

pero ¿qué me importa, ni á qué viene al caso nada de esto? A otra cosa. Digo que :::: Dexe V. md. un resquicio de tiempo para mí, señor Don N. (saltó otro, que ignoro como se llama) que yo tambien quiero hablar: seré breve, pues todo se reduce á decir al señor, que aunque los que siguen mi carrera, están absolutamente imposibilitados de ser Canonistas, Teologos, Jurisconsultos, y en fin no pódemos ser otra cosa que máquinas, segun dicen muchos, yo les diré que se equivocan, ó que mienten, pues no encuentro dificultad en que Marte y Palas mantengan una amistad estrechisima: hombre, y muger son: Pregunto ¿qué les falta para amarse? Acaso *Epaminondas* no hacia de estos dos quanto se le ponia en aquella cabezorra Griega? *Ciro*, y *Cesar* no supieron ser Soldados y Licurgos? Y asi sepa V.md. que blandir la espada, y gobernar la pluma lo pueden hacer todos aquellos que sean tan avarientos de gloria, como :::: pero al caso: Digo, que yo puedo mui bien, aunque no me toca, ni jamás la he estudiado, hablar de Medicina, diciendo que esta es una ciencia mui recomendable, pues los dos
ob-

objetos suyos son, conservar la salud, y restablecerla
quando se ha perdido, que el conocimiento de las enfermedades se llama *Patología*, y con este término aturru-
llo, que los Egipcios, con acuerdo de todos los Sabios,
han sido los primeros Medicos; que en dicho Reino fue
una muger la que inventó la Medicina, segun asegura
Manethon, citado por *Eusebio*, y aunque *Herodoto* y *Diodoro* digan lo contrario, yo no lo creo, porque no me
acomoda. Despues empezaré con un chorro mas grande que el que arroja la septima boca del Nilo, diciendo,
que *Angela Bolognini* fue el primero que por los años de
1506 tratase á fondo las fricciones Mercuriales, que *Ge-
ronimo Mercurial*, Profesor de Medicina en Bolonia, en
Padua, y en Pisa se hizo célebre por medio de su Tratado *Gymnastico*; que *Cesar Magato*, Profesor en Ferrara,
y despues Capuchino, dió al público un excelente Tratado, intitulado: de *Rara medicatione vulnerum*, y que
su hermano escribió ciertas Consideraciones de Medicina
mui buenas, y mui bien impreso el primer tomo en Bolonia el año de 1737; citaré quando sea preciso á *Joseph
Villie*, Alemán, y á *Wilfang Lanlo*, Medico y Conseje-
ro del Emperador Ferdinando: Diré, que he leído la Memoria, que *Monsieur Mead* presentó á la Sociedad Real
de Londres, en la qual explica las causas, los efectos, y
la curacion del Escorbuto: Diré, que el mal Napolitano,
acantonado otras veces en una Provincia de Italia, se es-
tendió en toda la Europa con el favor de la corrupcion
de las costumbres, y negaré al mismo tiempo, que haya
venido de América, añadiendo que esta enfermedad se
cura como la rabia, con fricciones, pues nunca se creyó
dicho mal incurable, sino porque se ignoraba la causa, y
entonces les encajo lo de

  Disciteque; ó miseri! & causas cognoscite rerum;
pero que se lo pregunten á *Palmario*, y verán como dice,
que la rabia no es otra cosa que muchos gusanos, intro-
ducidos en la sangre por medio del mordiscon (quise porque quise hacer masculino este termino) del animal ra-
bio-

bioso, y que multiplicandose en el cuerpo donde entraron, atacan la cabeza, y causan todos los síntomas que observamos en los que padecen dicho mal, y así al momento se debe recurrir á las plantas vermífugas, como la ruda, la verbena, &c.

Vean V. m.ds. como yo puedo lucir quando hable de Medicina, sin necesitar siquiera haberla dado los buenos dias, y así el Señor *Vazquez* hizó mal en burlarse de nosotros, porque en todo picamos, y nada sabemos á fondo, pues de este modo tambien seria Erudito á la Violeta *Feijoó*: (entre parentesis, Dios se lo perdone á este santo Religioso la mala obra que hizo á muchos con sus Obras, pues ha formado con ellas mas charlatanes que doctos) seria igualmente Erudito á la Violeta *Soto Marne*, y Eruditos á la Violeta todos aquellos que no ciñen sus talentos á una Facultad sola.

Tiene mucha razon el señor, dixo otro que venia en su compañia, mui carilampiño, bastante rubio, algo *atourdi*, y tan azucarado, que era una dulzura el oirle: tiene, buelvo á decir, mil razones, y yo añado que el Autor de esa Violeta no hizo en su papel otra cosa que retratarse á sí propio, habiendose pintado tan parecido, como á las ubas naturales, las que dibujó *Parrasio*, yo puedo decir que tanta fuerza me han hecho sus mordacidades, como á la luna los ladridos del perro (supongo que habrán V.mds. visto las Emblemas de Alciato) seguiré mi carrera como hasta aqui, y me basta (respecto que es la de Jurisprudencia) saber que en Roma puso los cimientos de ella *Numa*; haber leído aquellos dos ilustres Profesores de la Universidad de Salamanca *Antonio Gomez*, y *Juan de Lavrea*, viendo por el Indice la Obra del primero intitulada: *Varia Resolutiones Juris Civilis, Communis, & Regii.*

Despues, pasando al Derecho Eclesiástico, en el que tambien estoi un poquito barnizado, diré que se entiende por Derecho Eclesiástico las Leyes establecidas para utilidad de la Iglesia, que este Derecho es de dos maneras,
De-

Derecho antiguo, aquel que se usaba en los primeros ocho siglos; y Derecho nuevo, moderno, ó flamante, el que empezó desde el tiempo de *Carlo Magno*, y que continúa al presente; que el Código de los Cánones de la Iglesia Universal formaba el antiguo ó viejo Derecho Eclesiástico, siendo esto, hablando con toda propiedad, una colección de Cánones de los quatro primeros Concilios Generales de Nicéa, de Constantinopla, de Ephesо, y de Calcedonia, y de los cinco Concilios particulares tenidos en Ancira, Neocesarea, Gangre, Antiochía, y Laodicéa, comprehendiendose en esto los Cánones atribuídos á los Apostoles, y compilados por yo no sé qué Autor.

Despues diré que el nuevo Derecho Eclesiástico comenzó á formarse en Occidente, hablaré un poco del Decreto de *Graciano*, tocaré por encima á *San Raimundo de Peñafort*, célebre Dominico Catalán, daré mi puntadita sobre las Constituciones de *Juan XXII.*, y de los Papas que le precedieron, llamandolas *Extravagantes*, advirtiendo á los que me escuchen, que este término *Extravagantes* no quiere decir lo que suena, sino que es hijo, nieto, ó conocido de una palabra latina, que manifiesta como dichas *Extravagantes*, son ciertas Constituciones errantes, ó fuera de las compilaciones anteriores.

Tocaré del nuevo Derecho Eclesiástico, llamado Derecho Canónico, y diré que tengo en la uña á *Baldo*, *Anchanano*, *Felipe Decio*, y al Cardenal *Antonio Carrafa*; algo verteré del Canonista *Covarrubias*, y *Azpilcueta*, que aunque digan que son los mayores hombres en esta materia, yo me atengo á las notas que puso *Pedro Pithou*, Francés, sobre el cuerpo del Derecho Canonico, y me burlo de la perilla de los dos Españoles.

Con esto, y con tocar algo de las libertades de la Iglesia Galicana, las quales dependen principalmente de dos máximas: la primera, que el poder de la Iglesia es todo espiritual, sin que sobre lo temporal pueda de ningun modo entenderse, y la otra, que la plenitud del po-

der

der del Papa no debe ser executada sino conforme á los
Cánones, como nos dice *Fleuri* en las Instituciones al
Derecho Eclesiastico, *part.* 3. Con esto, como digo de.
mi cuento, y haber leido el espíritu de las Leyes de
aquel celebre Presidente, y el contrato social del *Gine-*
brino, ¿para qué necesito yo otra cosa? ¿Que quiere *Vaz-*
quez que estudiemos? ¿Pues no es bastante lo que he
ensartado para poder apostarselas á todos los Juristas
presentes, preteritos, y futuros? Yo he estado en Francia,
no hai Café que no sepa, no hai Cómica á quien no haya
hablado tres, ó quatro veces, he visto una á *Diderot*,
dos á *Alembert*, tres á *Marmontel*; y me parece que conozco al que hizo el carro volante: vaya que no se puede sufrir el fetor de esa violeta, y si yo quisiera hacerla
que apestáse á todos tanto como á mí, habia de : : : : :
Yá me tienen V. ms. apestado á mí (les dixo á todos los
Violetos este paciente mio) pues no hai paciencia para
oirlos delirar de ese modo; una estatua se le debia de
erigir al Autor, pues tiene infinita razon en burlarse de
nosotros, que andamos todo el dia picando aqui y acullá
de esta flor y de la otra; y creyendo sacar de ellas un
panal de miel como la abeja, no chupamos sino mucho
veneno, mucha ignorancia, y muchísimos errores, porque no estamos bien instruídos de los principios : debo
en Dios y en conciencia advertir á V. ms. que no hai
cosa mas opuesta á las buenas idéas, y por consiguiente
á todos los aciertos que la mala literatura : esta influye
insensiblemente sobre las costumbres, por cuya razon se
nombraban en Roma, bajo la dignidad de *Ed les Culu-*
res, dos Nobles, que debian examinar quantas obras se
publicasen, prohibiendo aquellas que pudiesen corromper la Religion ó el Gobierno, ó fuesen perniciosas á
la buena Literatura. Bien conocia esta sábia Republica
lo importante que la era para ir heredandose la sabiduria y la prudencia, el que hubiera Cientificos Censores,
que evitasen el daño que ocasionan los libros puestos
en manos de todos, porque si son malos, quedan por
maes-

maestros perpetuos de la maldad, y si son necios ó inutiles, basta para corromper las ideas y principios de la buena educacion: entre nosotros solo se atiende á evitar el primer daño, pero el atraso tan grande que experimentamos en la literatura, no procede sino de la ninguna atencion que hacemos al segundo: ¿Basta por ventura que una obra no contenga nada que se oponga á la Religion ó al Gobierno, para que se permita estampar? ¿No se debe contar por nada la propagacion del mal gusto:

Hoi parece que sea solo el instituto de los que pretenden el nombre de Literatos, la ilustracion de un pasage historial, la combinacion de algun tiempo, la averiguacion de la patria de un Autor, la vindicacion de una palabra, y otras vagatelas fútiles, pero no tanto que merezcan ser controvertidas, como unico objeto entre los Sábios, desdeñan las Traducciones, se aplican á estender insensiblemente el pedantismo, por el socorro de los compendios y claves de las facultades, cuyos vicios en rigor son perniciosisimos á las ciencias y á las ideas, y que trascienden al credito de la Nacion.

Discurriendo ya el medio de que se habrian valido los Franceses para universalizar su Idioma, y por consiguiente estender en todo el mundo su Comercio, hallé no ser otro que el de las traducciones: recogidos todos los originales, tanto de los siglos nuestros, como de los posteriores, se dedicó la ilustre Nacion Francesa á la traduccion de todas facultades, acaso con el fin de lo que en el dia desfruta, por recompensa de sus loables tareas, pues obligados todos los facultativos y Literatos al estudio de las idiomas, se determinaron á aprender aquel en que se halla recopilado quanto se ha dicho. Su Academia de las Ciencias, nacida de este trabajo, es una de las Sociedades mas respetables de la Europa: trasciende la cultura de sus individuos patricios á la de toda la Nacion, aquel orden y sanidad de ideas, averiguacion de las causas generales, verdadera politica, y agradable trato, todo na-

V

ce,

CPSIA information can be obtained
at www.ICGtesting.com
Printed in the USA
BVOW04s0843210917
495511BV00007B/77/P